Helga Setz

DIE KÄRNTNER KÜCHE

Helga Setz

Die Kärntner Küche

Heyn

Buchgestaltung Jana Revedin

Fotos: Karlheinz Klement,
Jana Revedin, Christian Senger

2. Auflage 2003

© by Verlag Johannes Heyn
Klagenfurt, 1993
Druck: Druckerei Theiss GmbH, A-9431 St. Stefan
ISBN 3 85366 743 0

INHALT

girasole
Puglia
Grovura
COOP. S. PIETRO IN VINCOLI - RAVENNA

Vorwort

Wenn man sich mit der Kärntner Küche beschäftigt, fällt einem auf, daß es sich um einfache, in den meisten Fällen leicht zuzubereitende Speisen handelt, die aus der bäuerlichen Küche stammen. Die Menschen mußten sparsam sein und konnten nur verwenden, was der Hof bot, viel Getreide, Milch, Milchprodukte, Kräuter und Gewürze, die in der jeweiligen Gegend wuchsen. Fleisch war rar, darum gab es nur ein- bis zweimal pro Woche Fleischgerichte. Braten waren nur besonderen Festtagen vorbehalten. Auch die Art des Essens ist unter diesen Gesichtspunkten zu sehen. Das Frühstück bestand aus Suppen oder Milch, meist mit einem Sterz. Brot gab es nur zur Jause, die je nach Jahreszeit und Arbeitsleistung verschieden ausfiel. Das Mittagessen bestand aus einem Voressen, im Sommer war´s ein Salat, im Winter Sauerkraut oder eine Suppe. Danach folgten Knödel, Nudeln, Nockerln usw. Zum Abschluß wurde etwas Milch gelöffelt. Schmalzgebackenes gab´s immer dann, wenn schwer gearbeitet wurde. Man richtete sich weitgehend nach den Bedürfnissen und dem jahreszeitlichen Angebot. Eine Ausnahme bildeten festliche Tage. Vorher wurde gefastet, dann ausnahmsweise einmal üppiger gegessen. Süße Mehlspeisen sind in der Kärntner Küche rar, auch sie waren Festtagen vorbehalten.
Verschiedentlich wird behauptet, daß die ursprüngliche Kärntner Kost einseitig ist. Wenn man bedenkt, daß alle Getreideprodukte vollwertig waren, daß sie immer mit Milch, Topfen, etwas Fleisch, Gemüse und Obst ergänzt wurden, dann stimmt das einfach nicht.
Heute bemüht man sich bei dem übergroßen Nahrungsangebot um eine „gesunde", das heißt richtige, an unsere Lebensumstände angepaßte Ernährung. Dazu bräuchten wir nicht auf alle möglichen modernen Kostformen hereinzufallen, sondern nur zu unseren Wurzeln zurückzukehren.
Ich habe versucht, die Zusammenstellungen teilweise unseren heutigen Eßgewohnheiten anzupassen. Die alten Rezepte habe ich in die Form gebracht, daß sie jeder nachkochen kann und hoffe, daß es Ihnen ein bißchen Spaß macht, schon fast vergessene Rezepte einmal auszuprobieren. Die Mengen sind, wenn nicht anders angegeben, für 4 Personen berechnet.

Helga Setz

1 Suppen und kleine Gerichte

1

Suppen und kleine Gerichte

Suppen und Suppeneinlagen, kleine Speisen und Jausen

1. Grüne Suppe

Grüne Suppen sind klare Fleischsuppen, die mit „grünem", d. h. frischem Rind- Schwein- oder Schaffleisch und Gewürzen gekocht werden. Typische Einlagen sind Eingußnudeln, Leberknödel, Schlickkrapferln, Lungenstrudel, im Unterland oft Hadnsterz oder nur Brein, in Oberkärnten Talggnsterz. Das Fleisch wird meist mit Erdäpfel- oder Krensoße gegessen.

1 1/2 l Wasser
500 g frisches Fleisch
2 zerhackte Knochen
100 g Wurzelwerk
(Möhren, Sellerie- und
Petersilwurzeln, Porree)
etwas Lustock
Gundelrebe
1 Salbeiblatt
5 Pfeffer- und
Neugewürzkörner
1 TL Salz

Fleisch und Knochen in kaltem Wasser zustellen. Beginnt die Suppe zu kochen, das grob aufgeschnittene Wurzelwerk und die Gewürze dazugeben. Langsam 1 1/2 – 2 Stunden kochen, abseihen und nachwürzen.

2. Eingußnudeln

1 l klare Fleischsuppe
2 Eier
60 g Mehl
1/4 TL Salz
2 TL Schnittlauch

Die Eier mit Salz und Mehl gut versprudeln. Diesen Teig langsam aus einem Schnabeltopf in die Hälfte der leicht kochenden Suppe einlaufen lassen. Einmal aufkochen und die restliche Suppe dazugeben. Mit Schnittlauch bestreut auftragen.

3. Leberknödel

150 g geschabte Rindsleber
1 Semmel
2 EL Fett
50 g Zwiebeln
1 Knoblauchzehe
je 1/2 TL Majoran, Basilikum,
grüne Petersilie
1 Prise Thymian
und Muskatnuß
1/2 TL Salz
1 Ei
ca. 2 EL Semmelbrösel

Die Semmel in kaltem Wasser erweichen, gut ausdrücken, mit einer Gabel zerkleinern. Fein aufgehackte Zwiebeln im Fett hellbraun rösten. Knoblauch und Petersilie fein aufhacken. Alle Zutaten in einer Schüssel gut vermischen, ca. 1/2 Stunde ziehen lassen. Mit nassen Händen 4 große oder 8 kleinere Knödel formen, in die leicht kochende, klare Suppe einlegen und je nach Größe 10 – 15 Minuten leicht kochen lassen.

4. Schlickkrapferln

Nudelteig:
200 g Mehl
1 Ei
1/2 TL Salz, Wasser nach Bedarf

Fülle:
250 g gekochtes Kalbs- oder Schweinsbeuschl
oder Braten- oder Kochfleischreste
2 EL Fett
50 g Zwiebeln
1 Knoblauchzehe
je 1/2 TL Salz,
Majoran,
Basilikum
je 1 Prise Pfeffer
und Muskatnuß
2 EL Semmelbrösel
4 EL klare Suppe
1 Ei

1 Eiklar zum Bestreichen

Einen Nudelteig zubereiten (siehe gefüllte Nudeln), nach dem Rasten dünn ausrollen. In regelmäßigen Abständen die Fülle darauflegen. Den Teig rund um die Fülle mit Eiklar bestreichen und die Kugerln in Teig einhüllen. Gut zusammendrücken und kleine Tascherln ausradeln. Diese in reichlich kochendes Salzwasser einlegen und 10 Minuten leicht kochen. Danach in der heißen Suppe auftragen.
Fülle:
Das Beuschl oder Fleisch klein faschieren. Fein aufgehackte Zwiebeln im Fett hellbraun rösten. Knoblauch feinhacken. Die Brösel mit Suppe anfeuchten. Alles mit den Gewürzen und Ei gut vermengen. Aus der Masse nußgroße Kugerln formen.
In manchen Tälern Oberkärntens werden die Schlickkrapferln „Schlutzkrapfen" genannt.

Schlickkrapferln

5. Lungen- oder Fleischstrudel

Strudelteig:
200 g glattes Mehl
1 EL Öl
6 – 8 EL warmes Wasser
1/2 TL Salz.

Fülle:
Mengen und Zubereitung
wie für die Schlickkrapferln

50 g zerlassene Butter

Einen Strudelteig zubereiten (siehe Erdäpfelstrudel). Nach dem Rasten den Teig dünn ausziehen und die dicken Ränder wegschneiden. 2/3 des Teiges mit Fülle bestreichen, den Rest mit Butter betropfen. Von der gefüllten Seite her den Strudel zusammenrollen, auf einem befetteten Blech bei guter Hitze (200° C) hellbraun backen. In ca. 4 cm lange Stücke schneiden und in der fertigen Suppe auftragen.

In manchen Gegenden Kärntens kocht man den Lungenstrudel. Dazu wird der zusammengerollte Strudel in ca. 10 cm lange Stücke geteilt. Die Schnittränder drückt man gut zusammen. Diese Stücke legt man auf einen Dunstkocheinsatz in kochendes Salzwasser und läßt sie 30 Minuten schwach sieden. Herausgenommen werden sie, in 3 cm lange Stücke geschnitten, in Fleischsuppe serviert.

6. Gelbe Suppe

1 1/2 l klare Fleischsuppe
1 kleine Zwiebel
1 Knoblauchzehe
2 Lorbeerblätter
1 Salbeiblatt
2 Stengel Gundelrebe
5 Gewürznelken
1/2 TL Fenchelsamen
1/4 TL Safran
1/4 TL Rosmarin
1/8 l saurer Rahm
1 Eidotter
1/2 TL Mehl

1/2 l Fleischsuppe mit den Gewürzen 1 Stunde leicht kochen. Sauren Rahm mit dem Eidotter und Mehl gut versprudeln, in 1 l kochende Suppe einrühren, aber nicht mehr aufkochen. Den Gewürzsud dazuseihen. Einlagen wie für die grüne Suppe oder in Butter geröstete Weißbrotwürfel.

Im Gegendtal ist dies die Festtagssuppe. Die Gewürzmischung ist sehr variabel, aber Safran ist immer dabei. Häufig würzt man auch mit etwas Rotwein, Piment oder Zimt. Dazu ißt man Reindling.

Lungenstrudel

7. Saure Suppe

1 1/2 l Wasser
500 g minderes Schaf- und
oder Schweinefleisch
(Rippen, Kopf, Haxln)
4 EL Essig
100 g Wurzelwerk
1 Knoblauchzehe

2 Lorbeerblätter
etwas Lustock,
Gundelrebe,
Quendel
je 5 Pfeffer- und
Neugewürzkörner
1/4 TL Safran
1 TL Salz

1/8 l saurer Rahm
1 EL Mehl

100 g Weiß- oder
Schwarzbrotschnitten

Das Fleisch in kaltem Wasser zustellen. Wenn es zu kochen beginnt, das grob aufgeschnittene Wurzelwerk und die Gewürze dazugeben und so lange auf kleiner Flamme kochen, bis das Fleisch gar ist (ca. 1 1/2 Stunden). Das Fleisch aus der Suppe nehmen, von den Knochen lösen und kleinnudelig aufschneiden. Rahm mit Mehl gut versprudeln, in die abgeseihte Suppe einrühren, einmal aufkochen. Das Fleisch in die Suppe geben und mit Brotschnitten anrichten.

Fleischstrudel

8. Kirchtagssuppe

250 g Rindfleisch
250 g Schaffleisch
1/2 Suppenhuhn
je 50 g Milz und
Leber
einige Knochen
2 l Wasser
100 g Wurzelwerk
1 kleine Zwiebel
je 5 Stück Nelken
und Pfefferkörner
1/4 TL Safran
1 Salbeiblatt
1 Lorbeerblatt
1 Msp. Ingwer
1/4 TL Basilikum
1 TL Salz

1/4 l saurer Rahm
2 Eidotter
1 TL Mehl
4 EL Weißwein

Fleisch, Knochen und Leber in kaltem Wasser zustellen. Wenn es kocht, Milz, grobgeschnittenes Wurzelwerk, Gewürze dazugeben und so lange langsam kochen, bis das Fleisch gar ist. Das Fleisch herausnehmen und wenn es ausgekühlt ist, klein aufschneiden.
Rahm mit Dottern und Mehl gut versprudeln und in die abgeseihte, kochende Suppe einrühren. Nicht mehr aufkochen! Das Fleisch in die Suppe geben, mit Wein, ev. Salz nachwürzen.
Als Einlage kann man in Butter geröstete Weißbrotwürfel oder Eingußnudeln geben.
Ein „richtiger" Kärntner ißt Reindling dazu.

9. Lebersuppe

50 g Fett
50 g Zwiebeln
je 50 g Möhren,
Sellerie- und
Petersilwurzeln
200 g Rinds- oder Schweinsleber
1 EL Mehl
5 Pfefferkörner

2 Lorbeerblätter
je 1/2 TL Majoran und Basilikum
1 1/4 l Wasser
200 g Erdäpfel
1 EL Essig
1 EL gr. Petersilie
1 TL Salz

100 g Brotwürfel

Blättrig geschnittene Zwiebeln im Fett hellbraun rösten, klein aufgeschnittenes Wurzelwerk und Leber dazugeben, gut durchrösten. Mit Mehl stauben, etwas anbräunen lassen, mit dem Wasser aufgießen. Geschälte, dickblättrig geschnittene Erdäpfel und Gewürze beifügen, alles garkochen. Die Suppe passieren, nachwürzen und mit Brotwürfeln ausrichten.

10. Gerstnsuppe

150 g Rollgerste
250 g Selchfleisch
oder 1 Schweinshaxl
2 Stengel Gundelrebe
1 Handvoll Lustockblätter
1 Salbeiblatt
1 1/4 l Wasser
200 g Wurzelwerk
Salz nach Bedarf

Selchfleisch, Rollgerste und Gewürze in kaltem Wasser zustellen und langsam garkochen (ca. 1 Stunde). Nach einer Garzeit von 1/2 Stunde das nudelig aufgeschnittene Wurzelwerk dazugeben, die Suppe fertig kochen. Das Fleisch herausnehmen, kleinwürfelig aufschneiden, wieder in die Suppe geben.

Gerstnsuppe war im Winter ein beliebtes „Voressen". Man kochte eine größere Menge Selchfleisch und aß als 2. Gericht das Fleisch mit Erdäpfelsoß oder Sauerkraut.

11. Breinsuppe

100 g Selchspeck
50 g Zwiebeln
100 g Karotten
100 g Porree
100 g Selleriewurzeln
100 g Brein (Hirse)
einige Blätter Lustock
und Gundelrebe
1 1/4 l Wasser
1 TL Salz
1 TL gr. Petersilie

Den kleinwürfelig geschnittenen Speck etwas ausbraten, fein aufgehackte Zwiebeln darin hellbraun rösten. Nudelig geschnittenes Wurzelwerk zugeben, kurz andünsten. Den gut gewaschenen Brein, Kräuter und Wasser beifügen und alles garkochen (ca. 30 Min). Die Suppe mit Salz und fein aufgehackter grüner Petersilie würzen.

12. Brotsuppe

200 g altbackenes
Schwarzbrot
50 g Fett
50 g Zwiebeln
1 Knoblauchzehe
1 l Wasser
1/2 TL Kümmel
1 Lorbeerblatt
1/2 TL Salz
1/2 Suppenwürfel

1 Ei
1 EL grüne Petersilie

Hartes Schwarzbrot ca. 1/2 Stunde in kaltem Wasser einweichen, gut ausdrücken, aufbröseln. Feingehackte Zwiebeln und Knoblauch im Fett anbräunen, das Brot dazugeben, gut durchrösten. Aufgießen, die Gewürze beifügen, gut verkochen lassen. Das Ei verquirlen, in die kochende Suppe einlaufen lassen. Mit gehackter Petersilie würzen.
Gute Verwertungsmöglichkeit für Schwarzbrotreste.

13. Einbrennsuppe

50 g Fett
60 g Mehl
1 l Wasser
je 1/2 TL
Minze
Kümmel
Thymian
Majoran
Salz

1 Ei

Mehl im Fett braun rösten. Mit Wasser aufgießen und mit den Gewürzen 20 Minuten kochen. Vor dem Auftragen ein versprudeltes Ei einrühren.

Einbrennsuppe mit Türkensterz oder Schwarzbrotschnitzeln waren ein beliebtes Frühstück oder Nachtmahl während der Fastenzeit. Aus gelindetem Mehl, ohne Fett und Ei hergestellt, ist diese Suppe eine gute Diätspeise bei Durchfall.

14. Wasserfarfalan

Farfalan (Mehlgerstl):
150 g Mehl
1 Ei
1/2 TL Salz

1 EL Fett

1 l Wasser
1 TL Salz
etwas Lustock

50 g Fett
100 g Zwiebeln

Farfalan: Mehl in eine Schüssel geben. Ei und Salz versprudeln, langsam ins Mehl tropfen lassen, dabei mit einer Gabel gut verrühren. Dann mit der Hand solange abbröseln, bis das ganze Mehl gebunden ist. Diese Farfalan bei schwacher Hitze in wenig Fett leicht rösten (linden).
Wasser mit Salz und Lustock aufkochen, die Farfalan einrieseln lassen und 5 Minuten kochen.

Die ringelig geschnittenen Zwiebeln im Fett goldgelb rösten und auf die angerichteten Farfalan streuen.
Mit Salzerdäpfeln sind sie ein gutes Nachtmahl oder eine Fastenspeise.

15. Milchsuppe

1/2 l Wasser
1 TL Kümmel
1/2 TL Salz
1 Lorbeerblatt
1/2 l saure Milch
oder Buttermilch
40 g Mehl

Schwarzbrotschnitzel

Wasser mit den Gewürzen aufkochen. Milch und Mehl gut verrühren, zum Gewürzwasser geben und kurz verkochen. Die Suppe über Schwarzbrotschnitzeln anrichten.

16. Rahmsuppe mit Bohnen

3/4 l Wasser
1/2 TL Salz
1 TL Kümmel
1 Lorbeerblatt
1/4 l saurer Rahm
40 g Mehl
200 g gekochte Bohnen
50 g Speckgrammeln

Die Rahmsuppe wird wie die Milchsuppe zubereitet. Dazu ißt man gekochte Bohnen oder Feldbohnen, die mit Grammeln abgeschmalzen werden.
Anstelle von Bohnen kann man auch frisch gekochte Erdäpfel dazuessen.

Kirchtagssuppe, Reinling

17. Mölltaler Kassuppn

Farfalan:
150 g Mehl
1 Ei
1/2 TL Salz

3/4 l Molke
1/2 TL Salz
1 TL Kümmel

1/4 l saurer Rahm

Schwarzbrotschnitten

Farfalan (Mehlgerstl) zubereiten (siehe Wasserfarfalan). Die Molke mit den Gewürzen zum Sieden bringen, die Farfalan einrieseln lassen und 5 Minuten kochen. Die Suppe über Schwarzbrotschnitten anrichten.
Milch-, Rahm- und Kassuppn sind typische Kärntner Frühstücksgerichte. Sie geben auch ein gutes Nachtmahl ab.

18. Bohnen- oder Linsensuppe

200 g Bohnen oder Linsen
1 l Wasser
je 1/2 TL Thymian, Bohnenkraut, Basilikum, Rosmarin
2 Lorbeerblätter
einige Sellerieblätter
1 Knoblauchzehe

40 g Fett
40 g Zwiebeln
40 g Mehl
1 TL Salz
1 EL Essig

Die Hülsenfrüchte am besten über Nacht im Wasser einweichen. Mit den Gewürzen weichkochen.
Fein aufgehackte Zwiebeln im Fett anlaufen lassen, das Mehl dazugeben und beides braun rösten. Diese Einbrenn in der Suppe gut verkochen, am Schluß mit Salz und Essig würzen.

19. Erdäpfelsuppe

50 g Selleriewurzeln
50 g Petersilwurzeln
50 g Möhren
50 g Porree
je 1/2 TL Majoran, Basilikum, Thymian, Kümmel
2 Lorbeerblätter
1 l Wasser
300 g Erdäpfel

40 g Fett
40 g Mehl
1 EL Essig
2 Prisen Muskatnuß
1 TL Salz

Das Wurzelwerk feinnudelig schneiden und mit den Gewürzen halbgar kochen. Die geschälten, würfelig geschnittenen Erdäpfel dazugeben, weichkochen. Aus Fett und Mehl eine braune Einbrenn machen, die Suppe damit binden und würzen.
Zur Erdäpfelsuppe ißt man Scheadlan, oder man tischt sie als Voressen vor einem Obststrudel oder Obstknödeln auf.

20. Schwammerlsuppe

300 g beliebige Speisepilze
40 g Butter
50 g Zwiebeln
1 EL grüne Petersilie, gehackt
1 Knoblauchzehe
1/2 TL Majoran

1 l Wasser
100 g Erdäpfel

1/8 l saurer Rahm
2 EL Mehl
1 TL Salz

Feingehackte Zwiebeln im Fett hellgelb rösten, die geputzten, zerkleinerten Pilze und die Gewürze dazugeben, alles kurz dünsten. Mit Wasser aufgießen. Die Erdäpfel schälen, kleinwürfelig aufschneiden, zur Suppe geben, alles garkochen (ca. 20 Minuten).
Den sauren Rahm mit Mehl gut versprudeln, die Suppe damit binden. Erst am Schluß salzen, da die Pilze sonst zäh werden.

21. Knoblauchsuppe

100 g Selchspeck
10 Knoblauchzehen
100 g Porree
1 l Wasser

1/8 l saurer Rahm
1 Eidotter
1 TL Mehl
1 TL Salz
100 g Brotwürfel
30 g Fett

Den kleinwürfelig geschnittenen Speck kurz ausbraten, zerdrückten Knoblauch darin leicht anrösten. Nudelig geschnittenen Porree dazugeben, etwas dünsten. Mit Wasser aufgießen, ca. 10 Minuten kochen.
Rahm, Dotter und Mehl gut vermischen, zur Suppe geben, kurz aufkochen, würzen.
Die Suppe über gerösteten Brotwürfeln anrichten.

22. Mostsuppe

1/4 l Wasser
etwas Zitronenschale
1 Zimtrinde
5 Nelken
1/2 l Most
3 – 4 EL Honig

2 Eidotter
1 TL Mehl
1/4 l Most

Das Wasser mit den Gewürzen einmal aufkochen, Most und Honig dazugeben, bis zum Sieden erhitzen.
Eidotter, Mehl und kalten Most gut vermischen, mit der Schneerute in die heiße Flüssigkeit einschlagen, aber nicht mehr kochen.
Dazu Schnittlan.

Schwarzhollersuppe

23. Apfelsuppe

400 g säuerliche Äpfel
3/4 l Wasser
etwas Zitronenschale
1 Prise Salz
4 EL Honig oder
50 g Zucker

1/8 l süßen Rahm
1 TL Mehl
etwas Zimt

Die geschälten Äpfel grob aufreiben, mit den Gewürzen, Zucker und Wasser weichkochen.
Rahm mit Mehl gut versprudeln, mit den Äpfeln einmal aufkochen. Anrichten, leicht mit Zimt bestäuben.
Dazu ißt man Schwarzbrot oder süße Trenten.

24. Schwarzhollersuppe

1 l abgerebelte schwarze Holunderbeeren
1 l Wasser
2 Stengel Wohlgemuth (Dost)
etwas Zucker

Schwarzbrotschnitten

Die Beeren mit Wohlgemuth im Wasser 1/2 Stunde kochen. Durch ein Sieb schütten, gut ausdrücken. Den Saft mit etwas Zucker eine weitere halbe Stunde kochen. Kalt oder warm über Schwarzbrotschnitten anrichten.

Man kann den Saft auch kochendheiß in Flaschen füllen und gut verschlossen kühl aufbewahren.

Gurkenmilch

25. Gurkenmilch

3/4 l saure Milch
1/4 l saurer Rahm
300 g Gurken
1 Knoblauchzehe
1/2 TL Kümmel
1 TL Salz
1 TL Dillkraut
oder Boretsch

Die geschälte Gurke feinblättrig schneiden oder grob aufschaben. Kräuter und Knoblauch fein hacken, alle Zutaten zusammenwirken.
An heißen Sommertagen mit frisch gekochten, heißen Erdäpfeln oder Schwarzbrot ein gutes Mittagessen oder Nachtmahl.

26. Gamper

250 g feinen Talggn
1/2 l saure Milch

Den Talggn mit saurer Milch gut verrühren und einige Stunden zum Quellen kaltstellen.

27. Abgeschmalzne Erdäpfel

700 g Erdäpfel
1 TL Salz
1 TL Kümmel

50 g Grammelfett
1 EL Schnittlauch

Die Erdäpfel schälen, vierteln, in Salz-Kümmelwasser garkochen. Abgeseihen, mit heißem Grammelfett übergießen und gehacktem Schnittlauch bestreuen.
Man kann auch noch einige EL Bröseltopfen daruntermischen.

Frigga mit Polenta

28. Falscher Schweinsbraten

750 g Erdäpfel
50 g Fett
1 TL Salz
1 TL Kümmel
1/2 TL Thymian
3 Knoblauchzehen
1/4 l Rindsuppe

Die rohen Erdäpfel schälen und dickblättrig aufschneiden. In eine Pfanne die Suppe mit den Gewürzen geben, die Erdäpfel hineinlegen. Zuerst zugedeckt, dann offen ca. 1/2 Stunde bei 200° C im Backrohr dünsten. Am Schluß darf keine Flüssigkeit mehr vorhanden sein und die Erdäpfel sollen etwas anbraten.

29. Frigga

8 Selchspeckscheiben
ca. 4 mm dick
8 Scheiben Hartkäse
ca. 5 mm dick
ev. 4 Eier
Salz, Pfeffer

Die Speckscheiben in eine Pfanne legen, auf die sehr heiße Herdplatte stellen. Den Käse daraufgeben und wenn er zu schmelzen beginnt, die Speise auf Polentascheiben anrichten. Man kann auch Eier darüberschlagen und leicht stocken lassen.

30. Saurer Schottn

500 g Schnittopfen
50 g Zwiebeln
1 TL Salz
3 EL Öl
5 EL Essig

Den Topfen in 1/2 cm dicke Scheiben schneiden, auf einem flachen Teller nebeneinanderlegen. Zwiebelringe darübergeben. Öl, Essig und Salz vermischen, den Topfen damit marinieren.

31. Saure Knödel

Kalte Semmel-, Graupn- oder Speckknödel
50 g Zwiebeln
1/2 TL Salz
3 EL Öl
5 EL Essig

Kalte Knödel dünnblättrig aufschneiden, mit Zwiebelringen belegen, marinieren.

32. Geröstete Knödel

Kalte Knödelreste
50 g Butter
ev. 2 Eier
etwas Salz

Kalte Knödel dickblättrig aufschneiden, in heißer Butter anbraten, ev. versprudelte Eier darüberschütten, vermischen und stocken lassen.

33. Sauerfleisch

500 g gekochtes Rindfleisch
50 g Zwiebeln
6 EL heiße Rindsuppe
6 EL Essig
etwas Salz
4 EL Öl
etwas Pfeffer

Das gekochte, kalte Rindfleisch in dünne Scheiben schneiden, mit Zwiebelringen belegen. Die heiße Suppe mit Essig mischen, ev. etwas salzen und über das Fleisch schütten. Gut durchziehen lassen. Dann erst Öl, besonders gut schmeckt Kürbiskernöl, und etwas Pfeffer daraufgeben.

Rahmzwiebeln

34. Rahmzwiebeln

400 g Zwiebeln
1/4 l saurer Rahm
1 EL Öl, 1 EL Essig
1 TL Salz

Die Zwiebeln in dünne Ringe schneiden. Sauren Rahm mit den übrigen Zutaten mischen und mit den Zwiebeln vermengen.
Gut mit Schwarzbrot zur Jause

35. Knoblauchtopfen

250 g Schnittopfen
1/4 l saurer Rahm
1/2 TL Kümmel
1/2 TL Salz
3 Knoblauchzehen

Den Topfen fein aufbröseln, mit dickem sauren Rahm, zerdrücktem Knoblauch, Salz und Kümmel gut abrühren.

36. Glundner Kas

1 kg trockener Topfen
100 g Butter
1 TL Salz
1 EL Kümmel
etwas Pfeffer
250 g Topfen

Den Topfen aufbröseln und 2 cm hoch in einem flachen Gefäß ausbreiten. Mit einem dünnen Tuch zudecken, bei 20 – 25° Wärme reifen lassen. Öfters mit einer Gabel auflockern. Der Topfen soll glasig werden. Butter in einer Pfanne zerlassen, den gereiften Topfen dazugeben, bei mäßiger Hitze unter ständigem Rühren schmelzen. Würzen und den frischen Topfen hineinbröseln. Den Käse in ein glattes, mit kaltem Wasser ausgeschwenktes Gefäß schütten, erstarren lassen.

Mit Butter und Schwarzbrot eine köstliche Jause und ein fixer Bestandteil der Kärntner Brettljausn.

37. Fastenjause

200 g Dörrpflaumen
250 g Bröseltopfen
2 EL Honig
etwas Zimt

Die eingeweichten Dörrpflaumen gut ausdrücken und faschieren. Den frischen Topfen aufbröseln, mit den Pflaumen vermischen und würzen. Wenn die Pflaumen weich und saftig sind, erübrigt sich das Einweichen.

Osterjause

2 Mehl- und Eierspeisen

2

Mehl- und Eierspeisen

Sterz, Muas, Tommerln und Schmarrn, Knödel und Nockalan

1. Türkensterz

400 g Maisgrieß
3/4 l Wasser
1 TL Salz

50 g Butter oder
Grammelfett

In das kochende Salzwasser das Sterzmehl langsam, unter ständigem Rühren einlaufen lassen und den Sterz bei schwacher Hitze ca. 1/2 Stunde ausdünsten lassen. Mit einer Gabel die Masse krümelig auflockern und mit heißem Fett abschmalzen.

2. Hadnsterz

400 g Heidenmehl
1/2 l Wasser
1 TL Salz

50 g Butter oder
Grammelfett

Das Heidenmehl bei schwacher Hitze solange rösten, bis kein Wasserdampf mehr aufsteigt (linden). In einem Topf das Salzwasser aufkochen, das Mehl auf einmal hineinschütten, kurz kochen lassen. Dann den Sterz mit einer Gabel gut durchrühren, kurz auf der ausgeschaltenen Herdplatte ausdünsten und abschmalzen.

3. Gerstensterz

400 g grobes Gerstenmehl
3/4 l Wasser
1 TL Salz

50 g Butter oder
Grammelfett

Das Mehl linden. Unter ständigem Umrühren mit einer Gabel langsam das kochende Salzwasser zugießen. Es sollen kleine Teigklümpchen entstehen. Das heiße Fett einrühren und den Sterz noch 15 Minuten ausdünsten lassen.

4. Brennsterz

400 g Weizenmehl
1/2 l Wasser
1 TL Salz

50 g Butter

Zubereitung wie Hadnsterz.

5. Talggnsterz

400 g groben Talggn
1/2 l Wasser
1 TL Salz

50 g Butter oder
Grammelfett

Zubereitung wie Türkensterz.

6. Bohnensterz

200 g Bohnen oder
Feldbohnen
200 g Gersten- oder
Weizenmehl
1 TL Salz

50 g Butter oder
Grammelfett

Die Bohnen über Nacht einweichen und garkochen. Es soll noch so viel Kochwasser vorhanden sein, daß die Bohnen gerade bedeckt sind. Das Mehl linden. Die Bohnen aufstampfen, gelindetes Mehl und Salz mit einer Gabel einrühren, ca. 15 Minuten ausdünsten lassen, abschmalzen.
Mit grobem Gerstenmehl ist dieser Sterz besonders schmackhaft.

7. Erdäpfelsterz

700 g Erdäpfel
1 TL Salz
100 g Mehl

50 g Butter oder
Grammelfett

Die Erdäpfel schälen, würfelig schneiden und in Salzwasser garkochen. Das Mehl linden. Die Hälfte des Kochwassers ab-, aber nicht wegschütten. Das Mehl über den Erdäpfeln verteilen, bei schwacher Hitze 10 Minuten dünsten lassen. Mit einer Gabel alles gut durchrühren, ev. noch etwas Kochwasser dazugeben. Den Sterz abschmalzen.
Sehr schmackhaft ist dieser Sterz mit Gersten- oder Heidenmehl, Weizenmehl tut´s aber auch. Mit gerösteten Zwiebeln, ev. Hartkäse bestreut, schmeckt er gut zu Salat oder Gemüse, mit geriebenem Mohn und etwas Zucker zu Kompott oder Milch.

8. Dampffarfel

700 g Erdäpfel
1 TL Salz
150 g Mehl

50 g Butter oder
Grammelfett

Die gekochten Erdäpfel heiß passieren und wenn sie erkaltet sind, mit Mehl und Salz locker mischen. Die Masse ca. 2 cm hoch in ein flaches Sieb legen und über Dampf ca. 15 Minuten garen. Fett in einer Pfanne zerlassen, die Farfel dazugeben, mit einer Gabel auflockern und kurze Zeit durchdünsten.

Türkensterz

Gut als Beilage zu Rindsbraten oder als Hauptgericht mit Salat oder Kompott.

9. Gebackene Milchfarfalan oder Milchmuas

Farfalan:
250 g Mehl
1 Ei
1/2 TL Salz

1 l Milch
50 g Butter

Zimt und
Zucker

Aus den 1. Zutaten Farfalan machen (siehe Suppen, Wasserfarfalan). In einer Kasserolle Milch mit Butter aufkochen, das Mehlgerstl einrühren und im Backrohr bei guter Hitze ausdünsten lassen. Vor dem Anrichten die Speise mit einer Gabel auflockern.

Hadnsterz

Dazu ißt man am besten Schwarzbeer- oder Hollermandl oder Grantn.

10. Schmalzmuas

250 g Mehl
1/2 TL Salz
1 Ei
2 EL süßer Rahm

3/4 l Milch
1/2 TL Salz
100 g Butter
100 g Weinbeeren

Zucker und Zimt
zum Bestreuen

Aus den ersten Zutaten einen festen Nudelteig bereiten, mit dem groben Reibeisen aufreiben oder mit dem Messer in erbsengroße Stücke zerhacken. Trocknen lassen. Milch, Salz und Butter aufkochen, das Gerstl einrühren und zugedeckt ca. 1 Stunde ausdünsten. Nach 1/2 Stunde die Weinbeeren darunterrühren. Anrichten, mit Zimt und Zucker bestreuen.
Schmalzmuas wurde meist an Kirch- oder Festtagen als Nachtisch mit Milchkaffee aufgetischt.

11. Dober Močnik – Unterkärntner Schmalzmuas

400 g Milchbrot
oder alter Reindling
1/4 l Milch
4 Eier

100 g Butter
3/8 l Milch
100 g Weinbeeren
50 g Zucker
Zimt

Das Weißbrot würfelig aufschneiden, mit Milch, in der die Eier versprudelt wurden, übergießen.
In einer Pfanne die Butter zerlassen, das Weißbrot hineingeben, ca. 10 Minuten dünsten. Die Milch aufkochen, mit den Weinbeeren und der Hälfte des Zuckers unter das Brot mischen, noch kurze Zeit dünsten.
Mit Zimt und Zucker bestreut mit Milchkaffe oder Kompott auftragen.

12. Breintommerl

1/4 l Wasser
1/2 l Milch
1/2 TL Salz
200 g Hirse

500 g Äpfel oder
anderes Obst
50 g Zucker
1/2 TL Zimt

40 g Butter

1/4 l Milch
2 Eier

Die Hirse sehr gut waschen, in siedendes Salzwasser einkochen. Wenn dieses verkocht ist, die Milch dazugeben, die Hirse ca. 20 Minuten ausdünsten. Die Äpfel schälen, dickblättrig aufschneiden und mit Zimt und Zucker mischen.
In eine bebutterte Kasserolle 1/3 der Hirse, die Hälfte des Obstes, wieder Hirse, Obst geben und mit Hirse abschließen.
Eier und Milch gut versprudeln, über die Hirse schütten und das Tommerl bei ca. 180° im Rohr backen.

13. Türkentommerl

1/2 l Milch
1/2 TL Salz
300 g Maisgrieß
1/8 l saurer Rahm
20 g Germ
2 EL Zucker

400 g Äpfel oder
anderes Obst
50 g Zucker
1/2 TL Zimt
50 g Weinbeeren

40 g Butter

Maisgries in einer Schüssel mit heißer Milch übergießen und quellen lassen. Wenn die Masse lauwarm ist, den Rahm, die aufgebröselte Germ und Zucker darunterrühren.
Die Äpfel schälen, dickblättrig aufschneiden, mit Zucker, Zimt und Weinbeeren vermischen. In eine bebutterte Kasserolle die Hälfte der Maismasse, dann die Äpfel, wieder Maismasse geben. Aufgehen lassen, mit Butterstückchen belegen und wie das Breintommerl backen.

Schmalzmuas

14. Mehlschmarrn

3/8 l Milch
1 TL Salz
3 Eidotter
300 g Mehl
3 Eiklar Schnee

50 g Butterschmalz
zum Ausbacken

Milch, Salz, Dotter versprudeln, das Mehl einrühren und den steifen Eischnee unterziehen. In einer Omelettenpfanne etwas Fett erhitzen, ca. 8 Omeletten backen. Jede Omelette nach dem Backen in kleine Stücke zerreißen und warmstellen.
Dazu wird meistens grüner Salat gegessen.

15. Eierschmarrn

Pro Person rechnet man:
2 Eier
1 EL Mehl
1 EL süßen oder sauren Rahm
1/4 TL Salz
1 TL Zucker

1 EL Butterschmalz
zum Ausbacken

Zucker und Zimt
oder geriebenen Mohn
zum Bestreuen

Das Eiklar zu einem steifen Schnee schlagen, den Zucker einschlagen, Dotter, Mehl, Rahm darunterziehen.
In einer Pfanne das Fett erhitzen, die Masse eingießen und zugedeckt bei schwacher Hitze auf einer Seite knusprig braun backen. Umdrehen, die 2. Seite backen. Auf einen Teller stürzen, mit Zucker und Zimt oder geriebenen Mohn bestreuen.

16. Topfenschmarrn

1/4 l Milch
125 g weicher Topfen
3 Eidotter
1 TL Salz
300 g Mehl
3 Eiklar Schnee
50 g Butterschmalz

Milch, Topfen und Eidotter gut verrühren, Mehl und Salz einmischen, den steifen Eischnee darunterziehen.
In einer Kasserolle das Schmalz heiß machen, den Teig hineingießen und im heißen Rohr (200°) hellbraun backen. Vor dem Anrichten den Schmarrn mit 2 Gabeln in kleine Stücke zerreißen.
Dazu schmecken grüner Salat, Kompott oder Zwetschkenpfeffer.

17. Apfelschmarrn

1/4 l Milch
3 Eidotter
1 TL Salz

Erdäpfel-, Semmel- und Graupnknödel, Sauerkraut

2 EL Zucker
300 g Mehl
400 g Äpfel oder
300 g Beerenobst
3 Eiklar Schnee

50 g Butterschmalz

Zucker und Zimt
zum Bestreuen

Milch, Dotter, Salz und Mehl gut vermischen. In den steifen Eischnee den Zucker einschlagen. Die Äpfel schälen, grob aufreiben. Eischnee und Äpfel in den Teig mischen.
Weiter wie den Topfenschmarrn zubereiten. Mit Zucker und Zimt bestreut auftragen.
Nicht zu saftige Äpfel nehmen.

18. Semmelknödel

250 g Knödelbrot oder
5 altbackene Semmeln
5 EL Mehl
50 g Fett
50 g Zwiebeln
je 1 TL Salz,
grüne Petersilie,
Sellerieblätter
1/4 l Milch
2 Eier

Die Semmeln in 1 cm große Würfel schneiden, mit Mehl und Salz vermischen. Zwiebeln fein aufhacken, im Fett hellbraun rösten, Kräuter kleinhacken, dazugeben, einmal aufschäumen lassen, mit den Brotwürfeln vermischen. Milch und Eier versprudeln, über die Semmeln schütten, gut verrühren. Die Masse ca. 1/2 Stunde stehen lassen. Mit nassen Händen Knödel formen, kurze Zeit rasten lassen. In reichlich kochendes Salzwasser einlegen, 10 Minuten ziehen lassen.

19. Speckknödel

Mengen und Zubereitung wie Semmelknödel. Dazu noch 200 g Selchspeck kleinwürfelig schneiden, rasch scharf abbraten und mit den Zwiebeln in die Knödelmasse mischen.

20. Graupnknödel

300 g trockene
Grammeln (Graupn)
300 g Mehl
1 TL Salz
3 Eier
Milch nach Bedarf

Die Grammeln leicht rösten und ausgekühlt mit Salz und Mehl mischen. Die versprudelten Eier und soviel Milch einrühren, daß sich aus dem Teig Knödel formen lassen. Den Teig 1/2 Stunde stehen lassen, mit nassen Händen Knödel formen. In kochendes Salzwasser einlegen und ca. 15 Minuten ziehen lassen.

21. Fleischknödel

Mengen und Zubereitung wie Graupnknödel. Anstelle der Grammeln 300 g nicht zu fettes Selchfleisch grob faschieren oder kleinwürfelig schneiden. Nicht anrösten.
Zu diesen Knödeln ißt man Sauerkraut, saure Rüben, Salate oder Erdäpfelsoß.

22. Erdäpfelknödel

Für 4 Personen als Hauptspeise
für 10 Personen als Beilage
1 kg mehlige Erdäpfel
1 TL Salz
etwas Muskatnuß
100 g Weizengrieß
50 g zerlassenes Fett
150 g griffiges Mehl
2 Eier
ev. 125 g Topfen
(macht den Teig locker)

Die Erdäpfel in der Schale kochen, noch heiß schälen und passieren. Sofort mit den Gewürzen, Grieß, ev. passiertem Topfen leicht mischen, erkalten lassen. Das zerlassene Fett darübertropfen, das Mehl locker einmischen. Eier darüberschlagen und den Teig rasch zusammenkneten. Sofort Knödel formen, in reichlich kochendes Salzwasser einlegen und 10 Minuten ziehen lassen.
Man kann diese Knödel auch mit Grammeln, gekochtem faschiertem Selchfleisch oder Fleischresten füllen. Dieser Teig kann auch als Hülle für Obstknödel (Zwetschken-, Marillen, Schwarzbeeren- oder Apfelstückchen) verwendet werden.

23. Grießknödel

1 altbackene Semmel
50 g Grammeln oder
100 g Selchspeck
1 TL Salz
1 EL Schnittlauch
etwas Muskatnuß
200 g Weizengrieß
120 g Mehl
20 g Germ
1/4 l Milch
2 Eier

Den Speck kleinwürfelig schneiden, scharf anbraten, die Grammeln kurz rösten, heiß mit der würfelig geschnittenen Semmel mischen. Feingehackten Schnittlauch, Salz, Muskat, Grieß und Mehl einmengen. Die Germ in Milch auflösen, mit den Eiern versprudeln, mit den anderen Zutaten gut mischen, den Teig eine halbe Stunde rasten lassen. Mit nassen Händen Knödel formen, in reichlich kochendes Salzwasser einlegen, 15 Minuten leicht kochen lassen.
Möchte man die Knödel mit Kompott essen, dann nimmt man statt der Grammeln 50 g Butter und läßt den Schnittlauch weg.

24. Topfenknödel

2 altbackene Semmeln
250 g trockener Topfen
2 Eier
1 TL Salz
100 g Weizengrieß

Die Semmeln in Wasser einweichen, sehr gut ausdrücken, passieren. Den Topfen ebenfalls passieren. Alle Zutaten gut mischen, mindesten 1/2 Stunde stehen lassen. Mittelgroße Knödel formen, in reichlich kochendes Salzwasser einlegen, 10 Minuten ziehen lassen.
Will man die Knödel süß, am besten schmecken sie mit Zwetschkenpfeffer, dann kann man sie in mit Butter gerösteten Bröseln wälzen. Sonst werden sie mit Grammelfett abgeschmalzen, zu Sauerkraut, Gemüsen oder Salaten gegessen.

25. Apfelknödel

500 g Äpfel
1 TL Salz
150 g Mehl
1 Ei

50 g Butter
Zucker und
Zimt

Die Äpfel schälen, grob aufreiben oder kleinwürfelig schneiden. Zuerst mit Salz und Mehl, dann erst mit dem Ei gut vermischen. Die Masse 1 Stunde stehen lassen. Mit nassen Händen kleine Knödel formen, in reichlich kochendes Salzwasser einlegen, 10 Minuten ziehen lassen. Mit zerlassener Butter, Zucker und Zimt zu Tisch bringen.

26. Mehlnockalan

300 g griffiges Mehl
1 TL Salz
1 Ei
schwach 1/4 l Milch oder Wasser

30 g Butter oder
Grammelfett

Alle Zutaten rasch zu einem Teig vermischen. Reichlich Salzwasser zum Kochen bringen, mit einem Kaffeelöfferl kleine Nockerln abstechen, ins Wasser einlegen, ca. 5 Minuten kochen. Abseihen, mit warmem Wasser abschrecken, in zerlassenem Fett schwenken.
Sie werden zu Fleisch- oder Gemüsespeisen und mit Salaten oder Erdäpfelsoß gegessen.

27. Krautnockalan

Mengen wie für
Mehlnockalan
500 g Sauerkraut
1 TL Kümmel
6 Wacholderbeeren
1/2 TL Salz

100 g Selchspeck

Das Sauerkraut mit den Gewürzen und wenig Wasser kurz dünsten. Mehlnockalan zubereiten, unter das Kraut mischen. Die Speise anrichten und mit würfelig geschnittenem, rasch angebratenem Speck übergießen. Die Nockalan unter neugesäuertes Kraut gemischt, schmeckt auch sehr gut.

28. Topfennockalan

150 g Bröseltopfen
250 g Mehl
1 TL Salz
2 Eier
ca. 1/8 l Milch

50 g Butter oder
Grammelfett

Den Topfen passieren und mit den anderen Zutaten einen Nockerlteig machen. Mit einem nassen Eßlöffel Nockerln in reichlich kochendes Salzwasser einlegen, 5 Minuten ziehen lassen. Herausgenommen, schmalzt man sie ab und ißt sie mit Kompotten, Gemüsen oder Salaten.

29. Schwarzbeernockalan

300 g griffiges Mehl
300 g Schwarzbeeren
1 TL Salz
2 Eier
gut 1/8 l Milch

1/2 l Wasser
50 g Butter

Zucker

Mehl und Schwarzbeeren gut mischen und mit den anderen Zutaten zu einem Nockerlteig zusammenrühren. In einer weiten Rein Wasser und Butter aufkochen. Mit einem Eßlöffel Nockerln aus der Masse stechen, nebeneinander in die kochende Flüssigkeit legen. Zugedeckt bei schwacher Hitze auf einer Seite anbräunen, die Nockalan umdrehen, die 2. Seite leicht anrösten. Mit Zucker bestreut auftragen. Dazu gibt´s Milch.

Graupnknödel, Erdäpfelsoß

3 Nudeln und Strudel

3

Nudeln und Strudel

Gefüllte Nudeln und Krapfen, Reinkalan und Blattlan, Strudel

Die Kärntner Küche hat eine besondere Spezialität aufzuweisen, die gefüllten Nudeln. Im Oberland werden sie meist Krapfen genannt. Mit Ausnahme der Fleischnudeln findet man sie auch heute noch jeden Freitag auf dem Mittagstisch. Sie haben ihre Namen nach der Art der Füllen oder nach der Zubereitung. Nach der Art der Zubereitung gibt es:

1. Faustnudeln

Sie sind faustgroß. Aus der Fülle werden faustgroße Kugeln geformt, die man in runde Nudelteigblätter einhüllt. Die Ränder werden „gekrendelt", d. h. mit Daumen und Zeigefinger preßt man die Teigränder so zusammen, daß ein zackenartiger Rand entsteht. Wenn alle fertig sind, legt man sie in reichlich siedendes Salzwasser ein und kocht sie ganz leicht, je nach Größe 10 – 15 Minuten.

2. Ausgeradelte Nudeln

Dazu wird der Nudelteig messerrückendick ausgerollt und in regelmäßigen Abständen mit den Füllekugeln belegt. Dann schlägt man so viel Teig darüber, daß die Kugerln bedeckt sind und rundherum noch ein 1 cm breiter Rand bleibt. Die Ränder werden gut zusammengedrückt und die Nudeln ausgeradelt. Man kocht sie 10 Minuten.

3. Zsamglegte und Kranznudeln

Den Nudelteig rollt man dafür messerrückendick aus, bestreicht ihn bleistiftdick mit Fülle. Die Ränder werden gut mit Eiklar bestrichen, der Teig zusammengerollt. Für die Kranznudeln rollt man kreisrunde große Teigblätter aus, bestreicht sie mit Fülle. In der Mitte schneidet man ein handlanges Kreuz ein und rollt von der Mitte nach außen zusammen, so daß ein Kranz entsteht. Die Ränder mit Eiklar bestreichen und gut zusammenkleben.

In beiden Fällen teilt man die Rollen in 10 cm lange Stücke, verschließt die Schnittflächen gut, legt die Stücke in reichlich kochendes Salzwasser und läßt sie ca. 20 Minuten leicht sieden. Nach dem Herausnehmen schneidet man sie in 2 cm breite Streifen, die man mit Butter oder Grammelfett abschmalzt.

Gefüllte Nudeln kann man gut einfrieren. Nach dem Kochen läßt man sie gut abtrocknen, verpackt sie in Säcke und friert sie ein. Vor Gebrauch taut man sie in einem Sieb über Dampf auf.

Kranznudeln mit Kletzenfülle

Ausgeradelte Nudeln

4. Kärntner Kasnudeln

Die Zutaten reichen für ca. 16 mittelgroße Nudeln oder 1 Kranznudel.

Nudelteig:
250 g glattes Mehl
1 TL Salz
1 Ei
6 – 8 EL Wasser oder
Milch

Mehl, Salz, Ei und Flüssigkeit in einer Schüssel gut vermischen und zu einem glatten, nicht zu festen Teig verkneten (gut 20 Minuten). Den Teig unbedingt einige Stunden, am besten über Nacht, zugedeckt rasten lassen.

1. Topfen-Erdäpfelfülle

500 g Erdäpfel
500 g Bröseltopfen
1 TL Salz
50 g Butter
50 g Zwiebeln oder Porree
1 Knoblauchzehe
je 1 TL braune Minze,
Kerbelkraut,
etwas Majoran

Die Erdäpfel kochen, heiß schälen und aufpressen. Den Topfen hineinbröseln. Zwiebeln oder Porree und Knoblauch fein aufschneiden, in Butter anrösten, Kräuter feinhacken. Alles zusammen gut durchkneten. Kugeln in der gewünschten Größe formen.

2. Topfen-Semmelfülle

2 altbackene Semmeln
500 g Topfen
1 TL Salz
50 g Butter
50 g Zwiebeln
1 Ei
etwas Milch
Gewürze wie bei
Fülle Nr. 1

Die Semmeln kleinwürfelig aufschneiden. Feingehackte Zwiebeln in Butter anlaufen lassen, das Brot dazugeben, beides leicht rösten. So viel Milch über die Semmeln schütten, daß sie leicht angefeuchtet sind. Alle anderen Zutaten dazu, alles sehr gut durchkneten, Kugeln formen.

3. Topfen-Breinfülle

200 g Hirse
3/4 l Wasser
1 TL Salz
500 g Topfen
Gewürze wie bei
Fülle Nr. 1

Den Brein sehr gut waschen, in Salzwasser kernig weich kochen (ca. 15 Min.) Durch ein Sieb schütten, gut abtropfen lassen. Die weitere Zubereitung wie bei Fülle Nr. 1.
Mit diesen Füllen macht man ausgeradelte oder Faustnudeln. Man schmalzt sie mit Butter oder Grammelfett ab und ißt grünen oder Krautsalat dazu.

Kärntner Kasnudeln – Topfen-Semmelfülle

5. Gailtaler Erdäpfelkrapfen – (Nudeln)

1 kg Erdäpfel
100 g Selchspeck
oder Selchfleisch
1 Ei
50 g Butter
50 g Porree
Gewürze wie bei
Fülle Nr. 1
1 TL Salz

Nudelteig:
Mengen und Zubereitung
wie für Kärntner Kasnudeln

Die Erdäpfel kochen, schälen, heiß durchpressen. Den Speck oder das gekochte Selchfleisch kleinwürfelig schneiden. Den Speck rasch scharf anbraten. Den Porree feinhacken und in Butter kurz dünsten. Weitere Zubereitung wie bei Fülle Nr. 1.

6. Krautkrapfen (Nudeln)

500 g Sauerkraut
250 g gekochtes Selchfleisch
1 EL Fett
50 g Zwiebeln
1 Knoblauchzehe
1/2 TL Kümmel
ca. 100 g Brösel
ev. Salz

Nudelteig: siehe Kasnudeln

Das Sauerkraut kurz im eigenen Saft dünsten. Es soll am Schluß keine Flüssigkeit mehr vorhanden sein. Das Kraut klein aufhacken. Das Selchfleisch kleinwürfelig schneiden. Zwiebeln rösten. Alle Zutaten mischen, aber nur so viel Brösel dazugeben, daß die Masse bindet. Vorsicht beim Salzen.
Mit dieser Fülle macht man Faustnudeln, ißt sie mit Grammelfett abgeschmalzen als alleiniges Hauptgericht.

Faustnudeln

7. Fleisch- oder Grammelnudeln

500 g mageres,
gekochtes Selchfleisch
oder trockene Grammeln
50 g Fett
50 g Zwiebeln
je 1/2 TL Basilikum
Majoran
Lustock
grüne Petersilie
2 Knoblauchzehen
ca. 150 g Brösel
1 – 2 Eier
Salz nach Bedarf

Nudelteig: siehe Kasnudeln

Das Fleisch faschieren, die Grammeln kurz anrösten. Feingehackte Zwiebeln hellbraun rösten, fein zerkleinerte Kräuter und Knoblauch kurze Zeit dünsten. Alle Zutaten zusammenmischen, aber nur so viel Brösel dazugeben, daß die Masse bindet. Sollte die Grammelfülle zu trocken sein, die Brösel mit etwas Suppe oder Wasser anfeuchten. Nach Bedarf salzen, Kugeln in beliebi-

Fleischnudeln, Sauerkraut

ger Größe machen und zu ausgeradelten oder Faustnudeln verarbeiten.

Diese Nudeln schmecken gut in Fleischsuppe, mit Sauerkraut, sauren Rüben oder Salaten.

8. Görtschitztaler Heiligen-Abend Nudeln

Ausgeradelte Kasnudeln mit einer Topfen-Erdäpfelfülle machen, aber nur mit brauner Minze, Kerbelkraut und Salz würzen. Kochen, abtrockenen lassen und kurz in Butterschmalz überbacken. Angerichtet mit etwas Honig übergießen und geriebenem Mohn bestreuen. Dazu trinkt man Milch.

9. Kletzennudeln

500 g Kletzen
500 g Topfen
1/4 TL Salz
1/2 TL Zimt
1 Prise Piment
1 EL Honig

Nudelteig: siehe Kasnudeln

Die Dörrbirnen (Kletzen) einige Stunden in Wasser einweichen, garkochen. Nach dem Abseihen Stengel und Blütenreste entfernen und durch den Fleischwolf drehen. Alle Zutaten gut verkneten, Kugerln in gewünschter Größe formen und zu ausgeradelten oder Faustnudeln verarbeiten. Die Kletzenfülle kann man mit Bröseln strecken, muß diese aber vorher mit dem Kochwasser anfeuchten.
Mit Butter abschmalzen und mit grünem Salat oder Milch zu Tisch bringen.

10. Mohnnudeln

400 g geriebenen Mohn
100 g Brösel
etwas Milch
500 g Topfen
1/4 TL Salz
1/2 TL Zimt
Honig oder Zucker
nach Geschmack

Nudelteig: siehe Kasnudeln

Die Brösel mit Milch anfeuchten und alle Zutaten gut vermischen. Weiter wie Kletzennudeln verarbeiten.

11. Gefüllte Nudeln mit Fruchtfüllen

500 g Schwarzbeeren
oder 500 g Äpfel, geschält,
grob aufgerieben
250 g Bröseltopfen
200 g Brösel
2 EL Honig oder
50 g Zucker
1 TL Zimt
1 Prise Piment

Nudelteig: siehe Kasnudeln

Alle Zutaten gut mischen. Keine Kuglerln formen, sondern die Fülle mit einem Eßlöffel auf dem dünn ausgerollten Teig gleichmäßig verteilen, ausgeradelte Nudeln herstellen.
Die gekochten Nudeln mit Butter abschmalzen und mit grünem Salat oder Milch zu Tisch bringen.

12. Füllen für Kranznudeln

Kletzen oder Mohnfülle: man nimmt dieselben Mengen wie für die ausgeradelten Nudeln, gibt aber etwas Kletzenkochwasser oder Milch und 1 – 2 Eiklar dazu, damit die Fülle streichfähig ist und nach dem Aufschneiden nicht herausbröselt.
Kraut-, Fleisch- oder Grammelfülle: Die Fülle wird mit Suppe oder Wasser angefeuchtet und unbedingt mit 1 Ei oder 2 Eiklar gebunden, sie muß streichfähig sein.

13. Lavanttaler Hadnnudel

Fülle:
400 g Heidenmehl
20 g Germ
1 EL Zucker
2 EL Milch
1 TL Salz
1/4 l süßer oder
saurer Rahm

Nudelteig: siehe Kasnudeln

Das Heidenmehl linden. Germ mit Milch und Zucker glattrühren, mit dem noch lauwarmen Mehl, Rahm und Salz zu einer streichfähigen Masse verrühren. Auf den dünn ausgerollten Nudelteig aufstreichen und als Kranznudel weiterverarbeiten.
Mit Butter oder Grammelfett abschmalzen, mit süßer oder saurer Milch, Salat oder Gemüse auftragen.

14. Struckl

Nudelteig:
400 g glattes Mehl
2 Eier
1 TL Salz
gut 1/8 l lauwarmes
Wasser

süße Füllen:
100 g Butter
4 EL süßer Rahm
100 g Zucker
2 EL Zimt

oder 250 g Karobemehl
50 g Butter
4 EL süßer Rahm

salzige Fülle:
100 g Butter
4 EL saurer Rahm
je 5 EL gehackter
Schnittlauch,
Kerbelkraut,
Estragon
etwas Salz

1 Eiklar

Einen weichen Nudelteig machen, gut rasten lassen, dünn ausrollen, mit einer der Füllen belegen. Die Ränder gut mit Eiklar bestreichen, der Länge nach zusammenrollen. In ca. 15 cm lange Stücke schneiden, die Schnittränder gut zusammenkleben. In kochendes Salzwasser einlegen, 15 Minuten leicht kochen lassen. Nach dem Herausnehmen jeden Struckl in 4 Teile schneiden und mit etwas Butter übergießen.
Süße Füllen: Butter zerlassen, mit Rahm mischen, auf den ausgerollten Teig streichen. Zimt und Zucker oder Karobemehl darüberstreuen.
Salzige Füllen: Die Kräuter fein aufhacken und nachdem man den Teig mit Butter und Rahm bestrichen hat, darüberstreuen, etwas salzen.
Zum süßen Struckl trinkt man Milch oder ißt Apfel- oder Schwarzbeermandl dazu. Zum gesalzenen gibt´s Salat.

15. Gschnittne Nudeln

400 g Mehl
1 Ei
1 Eidotter
1 TL Salz
6 – 8 EL Milch

50 g Fett

Aus diesen Zutaten einen mittelfesten Nudelteig machen und nach dem Rasten 3 mm dick ausrollen. Den Teigfleck übertrocknen lassen. Zu ca. 7 cm breiten Streifen und dann zu 1/2 cm breiten Bandnudeln schneiden. Diese in reichlich Salzwasser ca. 7 – 8 Minuten kochen, abseihen, mit lauwarmem Wasser abschrecken, in Fett schwenken.
Dazu gibt´s Erdäpfelsoß. Oft werden die Nudeln auch mit aufgebröseltem Topfen bestreut und mit Salat oder Apfelmandl gegessen.

16. Erdäpfelnudeln

1 kg Erdäpfel
1 TL Salz
100 g Weizengrieß
150 g griffiges Mehl
2 Eier

50 g Fett

Die Erdäpfel in der Schale kochen, heiß schälen und aufpressen. Salz und Grieß darüber verteilen. Wenn sie ausgekühlt sind, das Mehl locker daruntermischen und mit den Eiern rasch zu einem Teig verkneten. Daraus eine ca. 8 cm dicke Rolle formen und 4 cm breite Stücke abschneiden. Diese in reichlich kochendes Salzwasser einlegen und 10 Minuten ziehen lassen. Herausnehmen, kalt werden lassen, in 2 cm breite Stücke schneiden und im Fett abbraten.

Salate, Gemüse und Sauerkraut passen gut dazu.

Kranznudeln mit Kletzenfülle, Apfelkoch

17. Schupfnudeln

1 kg Erdäpfel
100 g Topfen
1 TL Salz
200 g griffiges Mehl
1 Ei

1/2 l Milch
50 g Butter

Aus den ersten Zutaten einen Erdäpfelteig, wie beim vorherigen Rezept, machen. Den passierten Topfen auf den heißen Erdäpfeln verteilen. Aus dem Teig eine Rolle formen, kleine Stücke abschneiden und zu daumendicken, ca. 6 cm langen Röllchen formen.
Eine Pfanne gut mit Butter ausstreichen, die Nudeln locker nebeneinander hineinlegen, Butterflöckchen darauf verteilen. Mit heißer Milch übergießen und im vorgeheizten Rohr bei 180° backen (ca. 1/2 Stunde)
Ißt man sie süß mit Milch oder Kompott, werden sie angezuckert. Sonst passen Salate oder Gemüse (neugesäuertes Kraut) dazu.
Schupfnudeln werden häufig auch ca. 5 Minuten in Salzwasser gekocht und mit in Butter gerösteten Bröseln oder mit geriebenem Mohn und Zucker bestreut, auf den Tisch gebracht.

Schupfnudeln

18. Erdäpfelreinkalan

1 kg Erdäpfel
100 g Topfen
1 TL Salz
etwas Muskatnuß
150 g griffiges Mehl
1 Ei

50 g Fett

Einen Erdäpfelteig wie für die Erdäpfelnudeln zubereiten. Zu einer Rolle formen, ca. 2 cm dicke Stücke abschneiden und diese in heißem Fett auf beiden Seiten knusprig braun braten.

19. Topfenblattlan

250 g Bröseltopfen
150 g gekochte Erdäpfel
1 EL Fett
30 g Zwiebeln
1 TL Salz
je 1/2 TL grüne Petersilie, Basilikum, Kerbelkraut
1 Ei
ca. 100 g Mehl

50 g Fett

Den Topfen passieren, die Erdäpfel aufreiben, feingehackte Zwiebeln im Fett hellbraun rösten, die Kräuter aufhacken. Mit den anderen Zutaten zu einem Teig zusammenkneten. Dünne, handgroße Schnitzerln daraus formen, diese im heißen Fett auf beiden Seiten goldbraun braten.
Anstelle der Kräuter kann man auch kleingeschnittene Rosinen in den Teig geben. Dann ißt man sie mit Kompott, sonst mit Salat.

20. Saure Ruabnkrapfen

1 kg Erdäpfel
1 TL Salz
1 Prise Muskatnuß
150 g griffiges Mehl
1 Ei

Fülle:
500 g saure Rüben
50 g Fett
50 g Zwiebeln
1 EL Mehl
1 Knoblauchzehe
Salz nach Bedarf

Fett zum Ausbacken

Einen Erdäpfelteig machen (siehe Erdäpfelnudeln), zu einer ca. 8 cm dicken Rolle formen. Davon 1 cm dicke Scheiben abschneiden. Auf jede Scheibe 1 Eßlöffel Fülle legen, die Ränder gut zusammendrücken. In heißem Fett hellbraun backen.
Fülle:
Die sauren Rüben klein aufschneiden, im eigenen Saft kurz dünsten. Feingehackte Zwiebeln in heißem Fett anlaufen lassen, das Mehl zugeben, beides schön braun rösten. Mit dieser Einbrenn die Rüben binden, mit Knoblauch und Salz würzen.

21. Erdäpfelstrudel

Strudelteig:
200 g glattes Mehl
1/2 TL Salz
1 EL Öl
1/2 TL Essig
ca. 1/8 l lauwarmes Wasser

Fülle:
500 g Erdäpfel
50 g Fett
50 g Zwiebeln
1 Knoblauchzehe
2 Eier
1 TL Salz
1 Prise Muskatnuß
je 1 TL gehackte
grüne Petersilie und Schnittlauch
250 g Selchfleisch,
gekocht oder Fleischreste

Fett zum Betropfen

Strudelteig:
Das Mehl in eine Schüssel geben und mit den anderen Zutaten zu einem weichen Teig verrühren. Anschließend solange kneten, bis der Teig seidig und glatt ist (ca. 1/2 Stunde). Auf einen bemehlten Teller legen, mit Öl bestreichen, mit einer warmen Schüssel zudecken und 1/2 Stunde rasten lassen. Auf einem bemehlten Tuch den Teig ganz dünn ausziehen, die dicken Ränder wegschneiden. 2/3 des Teiges mit der Fülle bestreichen, das restliche Drittel mit Öl betropfen. Die Ränder einschlagen, den Strudel von der gefüllten Seite her einrollen. Auf ein befettetes Backblech legen, gut mit Fett bestreichen und bei 180°, je nach Dicke 1/2 – 1 Stunde backen. Während des Backens 1 – 2 Mal mit Fett bestreichen, damit der Strudel knusprig wird.
Fülle:
Die Erdäpfel in der Schale kochen, heiß schälen, durchpressen. Feingehackte Zwiebeln im Fett hellbraun rösten. In einer Schüssel alle Zutaten gut verrühren. Die Fülle auf den Teig streichen, mit kleingeschnittenem Fleisch bestreuen, den Strudel zusammenrollen und backen.
Dazu passen Salate oder Spinat.

Erdäpfelstrudel, Spinat

Saure Ruabnkrapfen

22. Kräuterstrudel

Strudelteig:
Mengen und Zubereitung
siehe Erdäpfelstrudel

Fülle:
4 altbackene
Semmeln
1/4 l saurer Rahm
1/4 l Milch
1 TL Salz
4 Eier
je 5 EL gehackter
Estragon,
Schnittlauch,
Kerbelkraut

ev. 1/4 l Milch

Fett zum Bestreichen

Die Semmeln feinblättrig aufschneiden, in einer Schüssel gut mit Rahm und Milch vermischen. Versprudelte Eier daruntermengen. Die Masse 1/2 Stunde durchziehen lassen, sie sollte streichfähig sein. Sonst noch etwas Milch dazugeben. Auf den ausgezogenen Strudelteig streichen, mit den Kräutern bestreuen, zusammenrollen und backen.
Man kann den Strudel auch in eine runde, gut befettete Rein schneckenförmig einlegen. Wenn er sich zu bräunen beginnt, schüttet man kochende Milch darüber und bäckt ihn fertig. Die Milch sollte ganz aufgesogen sein.
Der trocken gebackene Strudel ist auch eine sehr gute Einlage in einer Fleischsuppe (3 cm lange Stücke schneiden). Sonst wird er mit Salaten gegessen.

23. Apfelstrudel

Strudelteig:
Mengen und Zubereitung
siehe Erdäpfelstrudel

Fülle:
1 kg Äpfel
80 g Zucker
1 TL Zimt
50 g Rosinen

100 g Butter
100 g Brösel

Butter zum
Bestreichen

Die Äpfel schälen und dünnblättrig aufschneiden. Die Brösel in Butter kurz rösten.
Auf den ausgezogenen Teig zuerst die Brösel, dann Äpfel, Zucker, Zimt und Rosinen streuen. Zusammrollen und wie den Erdäpfelstrudel fertig machen.
Typisch kärntnerisch: zuerst eine Gemüse- oder Erdäpfelsuppe, dann Apfelstrudel.

24. Zwetschkenstrudel

Strudelteig:
Mengen und Zubereitung
siehe Erdäpfelstrudel

Fülle:
1 kg Zwetschken
halbiert, entkernt
80 g Zucker
1 TL Zimt

50 g Butter
50 g Brösel
50 g geriebener
Mohn

Die Brösel kurz in Butter rösten, wenn sie ausgekühlt sind, mit dem Mohn vermischen. Auf den ausgezogenen Teig zuerst das Brösel-Mohngemisch, dann Zwetschken, Zucker und Zimt streuen. Zusammenrollen, wie den Erdäpfelstrudel fertig machen.

4 Hauptspeisen

4

Hauptspeisen

Eintöpfe, Braten, Wild und Fisch

1. Ritschert

250 g Bohnen
250 g Rollgerste
1 geselchte Schweinsstelze, Haxln oder
500 g Ripperln
1 Handvoll Lustockblätter
3 Stengel Gundelrebe
2 Salbeiblätter
2 Lorbeerblätter
150 g Selleriewurzeln
50 g Petersilwurzeln
100 g Möhren
100 g Porree
1 1/2 l Wasser
Salz nach Bedarf

Bohnen und Rollgerste über Nacht in Wasser einweichen. Mit dem Fleisch und den Gewürzen halbgar kochen. Das Wurzelwerk grob nudelig aufschneiden, mit der Speise fertig garen. Das Fleisch von den Knochen ablösen, klein aufschneiden und in das Ritschert mischen.

Ritschert gehört neben den Kasnudeln zu den am häufigsten anzutreffenden Kärntner Spezialitäten.

2. Breinfleisch (Kloanbrein)

500 g Schweinsschulter, Geselchtes oder Schaffleisch
1 TL Bohnenkraut
2 Lorbeerblätter
einige Lustockblätter
2 Knoblauchzehen
1 TL Salz
1 l Wasser

300 g Hirse

1 EL Fett
50 g Zwiebeln

Das Fleisch mit allen Gewürzen garkochen und in große Würfel schneiden. In der Fleischsuppe den gut gewaschenen Brein ca. 20 Minuten kochen. Fein aufgeschnittene Zwiebeln hellbraun rösten, das Fleisch und die Hirse dazumischen und alles noch kurz ausdünsten lassen.

Anstelle von Hirse kann man auch Hadn-Buchweizen (ganze Körner) nehmen.

Dazu schmecken alle Arten von Salaten.

3. Bohnenfleisch

400 g Bohnen
50 g Selchspeck
50 g Zwiebeln
500 g Schaffleisch
2 Knoblauchzehen
1 Prise Rosmarin
1 Salbeiblatt
1/2 TL Bohnenkraut
oder Thymian
2 Lorbeerblätter
1 l Wasser

1 TL Salz
1 EL Essig

Die Bohnen über Nacht in Wasser einweichen. Kleingeschnittenen Speck ausbraten, feingehackte Zwiebeln darin anrösten. Das großwürfelig geschnittene Fleisch zugeben und scharf anbraten. Die Bohnen mit dem Einweichwasser dazuschütten und alles mit den Gewürzen garkochen. Vor dem Anrichten mit Salz und Essig würzen.

4. Krautfleisch

1 EL Fett
50 g Zwiebeln
500 g Schweinsbauch
1 EL Paprikapulver
1 EL Essig
600 g Weißkraut
1 TL Salz
1 TL Kümmel
2 Knoblauchzehen
Wasser
300 g Erdäpfel

Feingehackte Zwiebeln im Fett anrösten. Das großwürfelig geschnittene Fleisch zugeben und scharf anbraten, paprizieren, mit Essig ablöschen. Grob nudelig geschnittenes Kraut und die Gewürze dazumischen und mit so viel Wasser aufgießen, daß das Kraut knapp bedeckt ist. Wenn die Speise halbgar ist, die geschälten, großwürfelig geschnittenen Erdäpfel darauflegen, alles fertig kochen.
Anstelle von Weißkraut kann man auch Sauerkraut oder Kohl nehmen.

Ritschert

5. Hackelruabnfleisch

500 g magerer
Schweinsbauch
2 Knoblauchzehen
1 TL Salz
1 TL Kümmel
1/2 TL Thymian
1 EL Fett
500 g saure Rüben
(Hackelruabn)

Das Fleisch in 4 gleich dicke Scheiben teilen, mit den Gewürzen einreiben und auf beiden Seiten im heißen Fett rasch anbraten. Die sauren Rüben daraufgeben und alles fertiggaren.
Dazu schmecken frisch gekochte Erdäpfel.

6. Eingemachte Schweinshaxn

1 kg Schweinshaxn
1 l Wasser
2 Knoblauchzehen
2 Lorbeerblätter
5 Pfefferkörner
1/2 TL Thymian
1 EL Essig
1 TL Salz
300 g Wurzelwerk

50 g Fett
50 g Zwiebeln
50 g Mehl
etwas Pfeffer

Die Haxln gut waschen und in Stücke hacken. Mit den Gewürzen halbgar kochen. Das feinnudelig geschnittene Wurzelwerk zugeben und alles weichkochen (ca. 1 1/2 Stunden).
Feingehackte Zwiebeln im Fett aufschäumen lassen und mit dem Mehl schön braun rösten. Diese Einbrenn zur Speise geben, gut verkochen lassen.
Dazu gibt´s Salzerdäpfel oder Semmelknödel.

7. Grünes Schweinernes

500 g magerer
Schweinsbauch
1 l Wasser
2 Knoblauchzehen
1 TL Salz
2 EL Essig
1 Lorbeerblatt
5 Pfefferkörner
1/2 TL Thymian

300 g Wurzelwerk
500 g Erdäpfel

Das Fleisch mit den Gewürzen halbgar kochen, dann das feinnudelig geschnittene Wurzelwerk und die geschälten, geviertelten Erdäpfel daraufgeben, alles weichkochen (ca. 1 Stunde).
Das Fleisch in Schnitten teilen, mit etwas Suppe auf Tellern anrichten, mit dem Wurzelwerk bestreuen und den Erdäpfeln umranden.
Man kann auf das Fleisch auch geriebenen Kren streuen.

8. Dämpffleisch (Kärntner Schweinsbraten)

700 g Schopfbraten
1 TL Salz
2 Knoblauchzehen
1 TL Thymian
1 TL Kümmel
1/4 l Wasser

Das Fleisch mit den Gewürzen einreiben. In die Bratpfanne fingerhoch kaltes Wasser geben, das Fleisch hineinlegen und zugedeckt bei 200° im Backrohr ca. 1 Stunde braten. Öfters mit dem eigenen Saft begießen.
Gibt man Erdäpfel als Beilage, so kocht und schält man sie, legt sie rund um das Fleisch in den Bratensaft und brät sie die letzte Viertelstunde mit. Dazu gibts noch Sauerkraut.

9. Gefüllter Schweinsbauch

750 g mageres Bauchfleisch
2 Knoblauchzehen
1 TL Salz
1/2 TL Thymian
1 TL Kümmel

Fülle:
500 g gekochtes Schweinsbeuschel oder 400 g faschiertes Schweinefleisch
1 altbackene Semmel
1 EL Fett
50 g Zwiebeln
1 Ei
1 TL Salz
1 Knoblauchzehe
je 1/2 TL Thymian, Basilikum, Majoran,
etwas Muskatnuß und Pfeffer

In das Bauchfleisch eine Tasche schneiden, die Fülle gut hineindrücken, die Öffnung zunähen. Das Fleisch rundherum mit den Gewürzen einreiben. In die Bratenpfanne fingerhoch kaltes Wasser geben, das Fleisch hineinlegen und zugedeckt unter öfterem Begießen im Backrohr bei 200° ca. 1 1/2 Stunden braten.
Fülle: Die Semmel in Wasser einweichen, gut ausdrücken und mit der Gabel zerkleinern. Das Beuschel fein faschieren. Die feingehackten Zwiebeln goldbraun rösten. Alle Zutaten gut vermengen.
Man ißt diese Speise warm mit Kraut oder Salaten. Erkaltet, in dünne Scheiben geschnitten, schmeckt sie auch sehr gut.

Gefüllter Schweinsbauch

10. Gebratenes Surfleisch

800 g gepökeltes Schweine-Fleisch (Schulter, Karree)
je 1/4 TL Kümmel,
Thymian
etwas Rosmarin
1 Knoblauchzehe
40 g Fett
100 g Wurzelwerk
50 g Zwiebeln

Das Fleisch gut abwaschen, mit den Gewürzen einreiben und rundherum anbraten. Klein aufgeschnittenes Wurzelwerk und Zwiebeln neben dem Braten in die Pfanne geben, anrösten und mit etwas Wasser aufgießen. Zugedeckt im Backrohr bei 200° knusprig braun braten. Öfters mit dem eigenen Saft begießen.
Gute Beilagen sind warmer Krautsalat, Sauerkraut, mitgebratene Erdäpfel oder Knödel.

11. Katzngschra

40 g Fett
50 g Zwiebeln
400 g Schweinsschulter
200 g Schweinsleber
1 Schweinsnierndl
2 EL Mehl
2 Lorbeerblätter
1 Knoblauchzehe
je 1/2 TL Majoran,
Thymian,
Estragon,
Basilikum

1 TL Salz
2 EL Essig

Feingehackte Zwiebeln im Fett goldbraun rösten, das in dünne Streifen geschnittene Fleisch dazugeben, anbraten, mit etwas Wasser aufgießen und ca. 20 Min. dünsten. Die Leber und die gut ausgewässerte Niere dünnblättrig aufschneiden, zum Fleisch geben, anrösten. Mit Mehl stauben, die Gewürze dazugeben, soviel Wasser zugießen, daß eine dickliche Soße entsteht und noch 10 Min. garen. Dann erst mit Essig und Salz nachwürzen. Dazu gibt´s Salzerdäpfel oder Knödel.

12. Fleischlabalan

500 g faschiertes Fleisch (gemischt Rind-Schweinefleisch)
50 g Selchspeck oder Fett
50 g Zwiebeln
2 Knoblauchzehen
je 1 TL Majoran,
Basilikum
1 TL Salz
1 Prise Muskat
2 altbackene Semmeln
oder 100 g Schwarzbrot
1 Ei

2 EL Fett

Das Brot in Wasser einweichen, gut ausdrücken und mit einer Gabel zerkleinern. Feingehackte Zwiebeln in kleinwürfelig geschnittenem Speck oder Fett hellbraun rösten. Das Fleisch, Brot, Gewürze und Ei gut miteinander verkneten und daraus dicke Laibchen formen. In heißem Fett beidseitig schön braun braten. Am Schluß kann das Bratenfett mit etwas Wasser aufgegossen und die Laibchen darin kurz gedünstet werden.
Dazu passen Salate oder gedünstete Gemüse.

13. Maischerln

1/2 Schweinskopf
200 g Schweinsbeuschel
1/2 Schweinsherz
Wasser
2 EL Essig
2 Lorbeerblätter
5 Pfefferkörner
1/2 TL Thymian
1 TL Salz

300 g Rollgerste
Salzwasser

2 EL Fett
50 g Zwiebeln
2 Knoblauchzehen
je 1 TL Majoran,
Basilikum
1 TL Salz
etwas Pfeffer und
Piment
ev. 1 Ei

1 Schweinsnetz

Den Schweinskopf, Beuschel und Herz im Gewürzsud weichkochen und ausgekühlt fein faschieren. Die Rollgerste in Salzwasser garkochen.
Fleisch, Rollgerste, feingehackte, geröstete Zwiebeln und die anderen Gewürze gut miteinander vermischen, ev. mit 1 Ei binden. Aus dieser Masse faustgroße Kugerln formen. Das über Nacht ausgewässerte, gut gewaschene Schweinsnetz in Stücke teilen, die Kugerln damit einhüllen. Ca. 10 Min. ohne Fettzugabe braten.
Gute Zuspeisen sind Sauerkraut, saure Rüben, ev. Erdäpfel.

14. Lavanttaler Leberlan

Germteig:
300 g Weizenmehl
20 g Germ
1/2 TL Salz
gut 1/8 l Milch oder
Wasser

Fülle:
200 g Schweinsbeuschel
200 g Schweinefleisch
100 g Schweinsherz
Wasser
1 TL Salz
1 EL Essig
2 Lorbeerblätter

100 g Schweinsleber
1 Ei
50 g Selchspeck
50 g Zwiebeln
2 Knoblauchzehen
je 1 TL Majoran,
Basilikum
1 TL Salz

1 Schweinsnetz
oder 50 g Fett

Aus den 1. Zutaten einen Germteig machen, den man ca. 1 Stunde aufgehen läßt. Auf einem bemehlten Brett daraus eine ca. 6 cm dicke Rolle formen, davon 2 cm dicke Scheiben abschneiden. Damit die Fülle umhüllen, die Teigränder gut zusammendrücken. Ein gut ausgewässertes Schweinsnetz in Stücke schneiden, die Leberlan darin einwickeln oder gut mit zerlassenem Fett bepinseln. Locker nebeneinander in eine Rein setzen, an einem warmen Ort gut aufgehen lassen und im vorgeheizten Backrohr bei 180° schön braun backen.
Fülle: Beuschel, Fleisch und Herz im Gewürzsud weichkochen und erkaltet faschieren. Die Leber roh aufschaben. Feingehackte Zwiebeln in würfelig gebratenem Speck hellbraun rösten. Alles mit den Gewürzen und Ei gut verkneten und daraus marillengroße Kugerln formen. Als Fülle können auch Fleischreste, vermischt mit geschabter Leber und den angegebenen anderen Zutaten verwendet werden. Anstelle des Germteiges kann man auch ca. 3/4 kg fertigen Brotteig nehmen.
Warm aufgetragen ißt man dazu Sauerkraut oder saure Rüben. Kalt sind Leberlan ein sehr guter Imbiß zu Most oder Bier.

15. Speckfleck

800 g Kutteln
Wasser
2 EL Essig
1 Zwiebel

2 Lorbeerblätter
einige Lustockblätter
einige Zweiglein
Thymian

Petersilie
Zitronenmelisse
5 Pfefferkörner

100 g Selchspeck
50 g Zwiebeln
2 EL Mehl
1 EL Paprikapulver
1 EL Essig oder
4 EL Rotwein
3/4 l Kochsud
1 TL Salz
1/2 TL Kümmel
1/2 TL Zitronenmelisse oder -schale

ev. 1/8 l saurer Rahm
1 Büschel Schnittlauch
oder 50 g geriebener Käse

Kuttelfleck kauft man geputzt und vorgekocht. Dann gut unter fließendem Wasser durchspülen und einige Stunden in Essigwasser, in das man Zwiebelringe gibt, einlegen. Im Gewürzsud weichkochen und erkaltet feinnudelig aufschneiden.
Würfelig geschnittenen Speck rasch ausbraten und aus dem Fett nehmen. Darin feingehackte Zwiebeln glasig anrösten, das Mehl dazugeben und bräunen. Paprika dazu, rasch mit Essig oder Wein und dem Kochsud aufgießen. Die Kutteln in dieser Soße gut durchkochen und würzen. Am Schluß kann man gut versprudelten sauren Rahm einmengen, aber nicht mehr kochen! Angerichtet mit dem Speckwürfeln, gehacktem Schnittlauch oder Käse bestreuen.
Frisch gekochte heiße Erdäpfel schmecken am besten als Zuspeis. Dünn wie eine Suppe gekocht, ißt man sie mit Sterz. Probieren Sie dazu einmal einen Gerstensterz aus!

Lavanttaler Leberlan

16. Gailtaler Kirchtagsbraten

1,2 kg ausgelöste
Kalbs- oder Lammbrust
1 TL Salz
1 Salbeiblatt
je 1/2 TL
Basilikum,
Estragon,
Zitronenmelisse
2 EL Fett
etwas Wasser

1/4 l saurer Rahm
1 TL Mehl

Fülle:
300 g Beuschel
100 g Herz
1 Schweinszüngerl
50 g Milz
50 g Schwarzbrot
1 Ei
1 Knoblauchzehe
je 1 TL gr. Petersilie
Basilikum
1/4 TL Bohnenkraut
(bei Lammfleisch)
1/2 TL Salz

Alle Knochen und Knorpeln auslösen, das Fleisch in 4 gleich große Stücke teilen und viereckig zurechtklopfen. Mit Salz einreiben, der Fülle bestreichen, fest zusammenrollen und zubinden oder zustecken. Die Rollen in heißem Fett rundum anbraten, mit etwas Wasser aufgießen und gardünsten. Im Saft die kleingehackten Kräuter mitdünsten. Sauren Rahm mit Mehl gut verrühren, mit dem Saft einmal aufkochen.
Fülle:
Beuschel, Herz und Zunge in Salzwasser garkochen, ausgekühlt fein faschieren. Die Milz roh aufschaben. Das Brot in Wasser einweichen, gut ausdrücken und fein aufbröseln. Alle Zutaten gut vermischen.
Dazu gedünsteten Brein (Hirse) und beliebige Salate.

17. Schöpsenbraten

1 kg Schaffleisch
(Schlegel, Schulter oder
ausgelöste Koteletts)
100 g Selchspeck
5 Knoblauchzehen
5 Wacholderbeeren
1 TL Salz

100 g Wurzelwerk
50 g Zwiebeln
je 5 Pfeffer- und
Pimentkörner
1/2 TL Bohnenkraut
1 Prise Rosmarin
1 Salbeiblatt
2 Lorbeerblätter
1 EL Essig oder
4 EL Rotwein
1/8 l Wasser
1 TL Mehl
1/2 TL Salz

Das Fleisch enthäuten und abwechselnd mit geschälten Knoblauchzehen und Speckstreifen spicken, mit Salz und zerdrückten Wacholderbeeren einreiben. Den restlichen Speck klein aufschneiden, das Fleisch darauf rundherum anbraten. Wurzelwerk und Zwiebeln grob aufreiben, neben dem Fleisch in der Pfanne anrösten. Mit etwas Wasser, Essig oder Rotwein aufgießen, die Gewürze dazugeben, den Braten bei 200° im Rohr unter öfterem Begießen ca. 1 Stunde garen. Das Fleisch herausnehmen, aufschneiden, warmstellen. Mehl in kaltem Wasser verrühren, mit dem Bratensaft verkochen, passieren und über das Fleisch gießen.
Gute Zuspeisen sind Semmelknödel, gedünstetes Kraut oder Salate.

18. Lengberger Lammbraten

nach den Reisetagebuchaufzeichnungen des Herrn Santonino

600 g Lammschlegel
oder Rückenstücke
200 g Leber

Schöpsenbraten, Semmelknödel, Blaukraut

200 g Nieren
frische Salbeiblätter
1 TL Salz
1 Knoblauchzehe
etwas Pfeffer
2 EL Öl

Die gut gewässerten Nieren in dickere Scheiben, Leber und Fleisch in gefällige Stücke schneiden. Abwechselnd alles mit Salbeiblättern auf Spieße stecken. Knoblauch mit Salz zerdrücken, mit Pfeffer mischen, das Fleisch damit würzen. Mit Öl bepinseln und am Grill oder in der Pfanne garen. Auf Weinkraut anrichten.

19. Gebratenes Kälbernes

500 g Kalbsknochen
800 g Kalbsschulter
oder -hals
1/2 TL getrockneter Salbei
1 TL Salz
3 EL Öl
etwas Wasser
20 g Butter
1/2 TL Mehl

Klein aufgehackte Kalbsknochen in die Bratpfanne geben, das gewürzte Fleischstück darauflegen und mit heißem Öl übergießen. Die Pfanne ins heiße Backrohr schieben und wenn alles angebraten ist, mit wenig Wasser aufgießen. Während des Bratens öfters begießen. Butter mit dem Mehl verkneten, am Schluß in den Saft geben, verkochen lassen.
Kälbernes wurde nur an besonderen Festtagen aufgetischt. Neben Reis oder Erdäpfeln und Salaten gab es immer auch noch ein Apfel-, Birnen- oder Zwetschkenkompott dazu.

20. Geröstete Leber

750 g Schweinsleber
2 EL Fett
je 1/2 TL Majoran
und Basilikum
4 EL Wasser
1 TL Essig
1 TL Salz

Die Leber dünnblättrig aufschneiden, rasch in heißem Fett abrösten, anrichten. Ins Bratenfett Essig-Salzwasser geben, mit den Gewürzen einmal aufkochen, über die Leber schütten, sofort auftragen.
Mit Schwarzbrot war dies meist die erste Mahlzeit nach dem Schlachten eines Schweines.

21. Mostbraten

750 g Rinds- oder
Schöpsenschlegel
1 TL Salz
1 TL Basilikum
100 g Selchspeck
100 g Möhren
100 g Zwiebeln
50 g Pastinak
5 Pfefferkörner
2 Lorbeerblätter
1/2 l Most
50 g Schwarzbrot
50 g Kren

Den Speck kleinschneiden, in die Bratpfanne streuen, das Fleisch, das vorher mit den Gewürzen eingerieben wurde, darauflegen und auf der Herdplatte rundherum gut anbraten. Zwiebeln, Möhren, Pastinak in dünne Scheiben schneiden, mit den Gewürzen zum Braten geben, mit Most aufgießen. Das Brot hineinbröseln und das Fleisch zugedeckt im Backrohr bei 200° 1 Stunde dünsten. Eine weitere halbe Stunde abgedeckt braten, damit es Farbe bekommt. Den Saft passieren und mit fein aufgeriebenem Kren vermischen.
Knödel, Nudeln oder gebratene Erdäpfel, Blaukraut oder Salate passen gut dazu.

22. Rindsbraten

750 g Rindsschlegel
1 TL Salz
etwas Pfeffer
2 EL Fett
200 g Wurzelwerk
50 g Zwiebeln
2 Lorbeerblätter
5 Pfeffer- und
5 Pimentkörner
je 1/2 TL Majoran,

Rindsbraten, Blaukraut, Erdäpfelknödel

Basilikum
je 1/4 TL Ingwer,
Muskatnuß
etwas Wasser

1/4 l saurer Rahm
1 TL Mehl
Salz

Das Fleisch würzen, in heißem Fett allseitig anbraten. Wurzelwerk und Zwiebeln grob aufreiben, zum Braten geben, etwas anrösten. Mit wenig Wasser aufgießen, die Gewürze dazumischen und das Fleisch zugedeckt im Backrohr bei 200° 1 Stunde dünsten. Eine weitere halbe Stunde abgedeckt braten. Öfters auf- und begießen.
Mehl mit saurem Rahm gut versprudeln, zum Bratensaft geben, gut verkochen lassen. Die Soße passieren, nachwürzen und mit dem aufgeschnittenen Fleisch auftragen.
Knödel, Erdäpfel, Hadnprein, Blaukraut oder Salate sind passende Zuspeisen.

23. Gewickelter Rindsbraten

4 Rindschnitzel à 150 g
100 g Selchspeck
20 Wacholderbeeren
1/2 TL Salz
1 EL Mehl

2 EL Fett
1/2 l Rindsuppe
20 g Butter

Die Schnitzel klopfen, einschneiden, salzen. Mit würfelig geschnittenem Speck und zerdrückten Wacholderbeeren belegen, zusammenrollen, zustecken oder zubinden. In Mehl tauchen, in heißem Fett rundherum anbraten. Mit Suppe aufgießen, ca. 1 Stunde zugedeckt dünsten.
Den Saft mit einem Stückchen Butter verbessern, Fäden oder Zahnstocher entfernen und mit Saft übergossen auftragen.

Grantn, Essigzwetschken, Blaukraut, Braterdäpfel oder Erdäpfelstampf sind passende Beilagen.

24. Hirsch- oder Rehschnitzel

4 Wildschnitzel à 200 g
1 TL Salz
6 Wacholderbeeren
100 g Selchspeck
1 EL Mehl
2 EL Fett

200 g Wurzelwerk
50 g Zwiebeln
Gewürzsträußchen
aus: Thymian,
2 Lorbeerblättern,
Basilikum,
Majoran,
Zitronenmelisse
1 Knoblauchzehe
4 Piment- und
Pfefferkörner
1 Messerspitze Ingwer
2 Gewürznelken
1 EL Preiselbeeren
1/8 l Rotwein
Salz

Die Schnitzel klopfen, mit Salz und zerdrückten Wacholderbeeren einreiben, mit Speckstreifen spicken, eine Seite ins Mehl tauchen und rasch auf beiden Seiten im Fett anbraten. Grob aufgeriebenes Wurzelwerk und Zwiebeln im selben Fett anrösten, mit Wein aufgießen. Das Fleisch, alle Gewürze und Preiselbeeren dazugeben, gardünsten, ev. etwas Wasser nachgießen. Die Soß passieren und nachwürzen.
Zuspeisen sind Grantn, gebratene Äpfel, Blaukraut und Erdäpfel- oder Semmelknödel.

25. Hasenbraten

1 Hasenrücken
150 g Selchspeck
1 EL Zitronensaft
1 TL Salz
etwas Pfeffer
und Salbei

40 g Butter

Den Hasenrücken samt den Hinterläufen mit Speckstreifen spicken, mit Zitronensaft, zerriebenem Salbei, Salz und Pfeffer einreiben. Den restlichen Speck in kleine Würfel schneiden, in die Bratpfanne streuen, den Hasen darauflegen und mit zerlassener Butter übergießen. Im Backrohr bei 200° braten. Etwas aufgießen, das Fleisch einmal während des Bratens mit Butter bestreichen. Mit dem Bratensaft und Knödeln auftragen.

26. Gebratene Ente oder Gans

Das geputzte, ausgenommene Geflügel mit Salz, zerhacktem Kümmel, Thymian oder Majoran und Rosmarin einreiben. Bei Enten keinen Kümmel nehmen. Die Bauchhöhle der Gans kann man mit geschälten, entkernten, halbierten, säuerlichen Äpfeln füllen. In die Bratpfanne fingerhoch kaltes Wasser schütten, das Geflügel hineinlegen, die Haut einige Male mit einer Gabel anstechen. Im Backrohr braten. Öfters mit dem eigenen Saft begießen. Gegen Ende der Bratzeit das Geflügel mit Salzwasser bestreichen, damit die Haut knusprig wird. Das herausgebratene Fett abschöpfen.
Dazu Knödel und Blaukraut.

27. Eingemachtes Hendl mit Pilzen

1 Suppenhuhn
200 g Wurzelwerk
50 g Zwiebeln
1 TL Salz
2 Lorbeerblätter
1 Zweiglein Majoran und Basilikum
Wasser

40 g Butter
50 g Zwiebeln
1 Knoblauchzehe
1 EL grüne Petersilie, gehackt
300 g Herrenpilze
2 EL Mehl
1/2 l Hühnersuppe
1/8 l saurer Rahm
Salz, Pfeffer

Das Huhn mit dem grob aufgeschnittenen Wurzelwerk, Zwiebeln und Gewürzen garkochen. In der Suppe auskühlen lassen, das Fleisch von den Knochen lösen und großwürfelig schneiden.
Feingehackte Zwiebeln in Butter hellbraun rösten, aufgepreßten Knoblauch, Petersilie, die in größere Stücke geschnittenen Pilze dazugeben und solange dünsten, bis keine Flüssigkeit mehr vorhanden ist. Mit Mehl stäuben, etwas anrösten, mit Hühnersuppe aufgießen, das Fleisch dazugeben, alles gut verkochen lassen. Am Schluß den verquirlten sauren Rahm einrühren, nachwürzen. Nicht mehr kochen lassen!
Dazu passen Semmelknödel oder sehr gut auch Hadnprein.

28. Fisch mit Schwammerln

1 kg Fisch (Schleie,
Karpfen, Hecht)
1 Zitrone
1 TL Salz
50 g Butter

500 g Eierschwammerln
1 TL grüne Petersilie,
gehackt
1 Knoblauchzehe
1/2 TL Majoran
1/2 TL Salz

1/8 l saurer Rahm
1 TL Mehl
etwas Pfeffer

Die Fische schuppen, (die Schleien kurz vorher in kochendes Wasser tauchen, damit sie sich besser putzen lassen), ausnehmen, waschen und in große Stücke teilen. Mit Zitronensaft und Salz würzen, in Butter braten. Die Fischstücke warmstellen. Im Bratfett die aufgeschnittenen Schwammerln mit den Gewürzen dünsten. Rahm mit Mehl versprudeln, mit den Fischstücken zu den Pilzen geben, gut durchziehen lassen, nachwürzen. Dazu Buttererdäpfel und Salat.

29. Forellen mit Kräutersoße

4 mittelgroße Forellen
1 Zitrone
1 TL Salz
etwas Mehl
50 g Butter

Soße:
20 g Butter
1 EL Mehl
1/8 l Rindsuppe
je 1 EL feingehackte Petersilie,
Estragon, Schnittlauch,
Kerbel,
Zitronenmelisse
1 TL Zitronensaft
1/2 TL Salz
1/8 l saurer Rahm
1 Eidotter

Die Forellen ausnehmen, waschen, salzen, säuern. In Mehl tauchen und in Butter braten (ca. 15 Min.)
Soße: Mehl in Butter hellbraun rösten, mit Suppe aufgießen und mit der halben Menge Kräuter kurz kochen. Den sauren Rahm mit Eidotter versprudeln und mit den restlichen Kräutern zur Einmach geben. Nur erhitzen, nicht mehr kochen! Nachwürzen.
Den Fisch trägt man mit der Soße, Buttererdäpfeln und grünem Salat auf.

Eingemachtes Hendl mit Pilzen

5 Zuspeisen

5

Zuspeisen

Salate und Soßen, Gemüse und Prein

1. Krautsalat

500 g Weißkraut
1 TL Salz
1 TL Kümmel
50 g Selchspeck
4 EL Essig

Das Kraut feinnudelig aufschneiden, mit Salz und Kümmel gut durchmischen. Den Selchspeck kleinwürfelig schneiden, anbraten, den Essig dazugeben. Heiß über das Kraut schütten, gut vermengen.

Andere Zubereitungsart:

400 g Weißkraut
200 g gekochte Erdäpfel
1 TL Kümmel
1 TL Salz
3 EL Öl
5 EL Essig

Das feinnudelig geschnittene Kraut mit blättrig geschnittenen, heißen Erdäpfeln und den anderen Zutaten gut vermischen.

2. Sauerkrautsalat

500 g Sauerkraut
50 g Zwiebeln
2 EL Öl
1 Knoblauchzehe

Das Sauerkraut etwas aufschneiden, die Zwiebeln feinhacken. Den zerdrückten Knoblauch in heißem Öl einmal aufschäumen lassen, mit dem Kraut vermischen.
Sauerkrautsalat kann man auf viele Arten zubereiten, z. B. rohe Möhren, Äpfel, Sellerie, rote Rüben dazureiben. Dann gibt man etwas Essig, Zitronensaft oder sauren Rahm dazu.

3. Rettichsalat

400 g Rettiche
1 saurer Apfel
1/8 l saurer Rahm
3 EL Essig
1 TL Salz

Rettiche und den Apfel grob aufreiben und mit den anderen Zutaten vermischen.

4. Rettichsalat mit Bohnen

300 g Rettiche
200 g gekochte Bohnen
1 TL Salz
3 EL Öl
5 EL Essig

Rettiche fein aufreiben, mit den Bohnen vermischen, marinieren.
Mit einem Stück Schwarzbrot und hinterher einer Schale heißer Milch ist dies ein gutes Nachtmahl.

5. Röhrlsalat

200 g Löwenzahnblätter
200 g gekochte Erdäpfel
1 TL Salz
3 EL Öl oder
1/8 l saurer Rahm
3 EL Essig

Den Röhrl sehr gut waschen, kleinschneiden. Die Erdäpfel dünnblättrig aufschneiden, beides zusammenmischen, marinieren.

6. Bohnen- oder Linsensalat

300 g getrocknete Bohnen oder Linsen
1 Lorbeerblatt
1/4 TL Rosmarin
1/2 TL Bohnenkraut
Wasser
1 TL Salz
5 EL Essig
50 g Zwiebeln
1 Knoblauchzehe
3 EL Öl

Die Hülsenfrüchte einige Stunden einweichen, dann mit den Gewürzen garkochen. Das Kochwasser abschütten, noch heiß mit Salz und Essig mischen. Vor dem Auftragen erst feingehackte Zwiebeln, Knoblauch und Öl daruntermengen.

Gurken-, Röhrl-, Kraut-, Rohnensalat

7. Gurkensalat

500 g Gurken
1/4 l saurer Rahm
1 TL Salz
1 Knoblauchzehe
1 TL Kümmel
3 EL Essig
je 1 TL Dillkraut
oder Borretsch
1 EL Essig

Die Gurken schälen, feinblättrig aufschneiden, mit den anderen Zutaten vermischen und sofort servieren.

Andere Zubereitungsart:

400 g Gurken
200 g gekochte Erdäpfel
1 Knoblauchzehe
1 TL Salz und Kümmel
5 EL Essig
4 EL Öl

Die Gurken schälen, dünn aufblättern, mit den blättrig geschnittenen Erdäpfeln und den anderen Zutaten vermischen.

8. Rohnensalat

500 g rote Rüben
4 EL Essig
4 EL Wasser
je 1 TL Kümmel und Anis
1 EL Zucker
1 TL Salz
1 TL Kren, gerieben
1 EL Öl

Die Rohnen kochen, schälen, noch heiß dünnblättrig aufschneiden. Wasser, Essig, Anis, Kümmel, Salz und Zucker einmal aufkochen, 10 Minuten ziehen lassen. Diese Marinade noch heiß über die roten Rüben seihen. Wenn sie erkaltet sind, den Kren und das Öl daruntermischen.

9. Eierkren

4 Eier, hartgekocht
50 g Kren, gerieben
1 EL Essig
1/4 l saurer Rahm
1 EL Öl
1 TL Salz

Die Eier fein aufhacken, mit Kren und den übrigen Zutaten gut vermischen.
Zu Ostern ist es üblich, Reindling, Schinken und Eierkren zusammen zu essen. Er schmeckt aber auch sehr gut zu gekochtem, heißen Schinken oder Selchfleisch.

10. Rahmkren

1/4 l saurer Rahm
50 g Kren, gerieben
1 TL Essig
1/2 TL Salz

Den Kren mit saurem Rahm vermischen und würzen. Paßt gut zu gekochtem Selchfleisch.

11. Krensoß

3 altbackene Semmeln
1/2 l Rindsuppe
50 g Kren, gerieben
1 EL Essig
etwas Salz
1/8 l saurer Rahm
oder 20 g Butter

Die Semmeln blättrig aufschneiden, mit kochender Suppe aufgießen, aber nicht mehr kochen. Den Kren mit Essig vermischen, zu den Semmeln geben, gut verrühren. Nachsalzen. Am Schluß kann man mit versprudeltem sauren Rahm oder Butter die Soße verbessern. Krensoß ist die Zuspeis zu gekochtem Rindfleisch.

12. Gurkensoße

500 g Gurken
40 g Butter
1/8 l saurer Rahm
1 TL Mehl
1 TL Salz
1 TL Dillkraut

Die geschälten Gurken blättrig oder würfelig aufschneiden und in Butter weich dünsten. Sauren Rahm mit Mehl versprudeln, mit den Gurken einmal aufkochen. Mit Salz und feingehacktem Dillkraut würzen.

13. Schwammerlsoß

500 g Speisepilze
40 g Butter
50 g Zwiebeln
1 TL grüne Petersilie
1 Knoblauchzehe
1/2 TL Majoran
1/8 l saurer Rahm
1 TL Mehl
1 TL Salz

Die Schwammerln putzen, gut waschen und klein aufschneiden. Feingehackte Zwiebeln in Butter goldbraun rösten. Die Pilze, Knoblauch, gehackte Petersilie und Majoran dazugeben, alles gar dünsten. Mehl und Rahm verquirlen, mit den Schwammerln einmal aufkochen, salzen.

14. Erdäpfelsoß

500 g Erdäpfel
je 1/2 TL Kümmel, Majoran,
Basilikum, Thymian
2 Lorbeerblätter
1 Prise Muskat

40 g Fett
40 g Mehl
1 EL Salz
1 EL Essig
ev. 1 EL Kren

Die Erdäpfel schälen, blättrig aufschneiden, mit den Gewürzen und so viel Wasser, daß die Erdäpfel gerade bedeckt sind, garkochen. Aus Fett und Mehl eine braune Einbrenn machen, mit den Erdäpfeln gut verkochen, würzen und zerstampfen. Die Soße darf nicht zu dick sein.
Eine typische Speisenfolge sind geschnittene Nudeln und Erdäpfelsoß. Man reicht sie aber auch zu Nockerln, Rind- oder Selchfleisch. In diesem Fall würzt man zusätzlich mit Kren.

15. Weinkraut

600 g Weißkraut
40 g Fett
50 g Zwiebeln
1 EL Zucker
1/4 l Weißwein
1 TL Kümmel
1 TL Salz

1 TL Mehl
ev. 1 EL Kren

Das Kraut feinnudelig aufschneiden. Feingehackte Zwiebeln im Fett mit Zucker hellbraun rösten, mit Wein ablöschen. Kraut und Gewürze dazugeben, mit wenig Wasser aufgießen, weichdünsten. Das Mehl mit etwas Wasser glatt verrühren, mit dem Kraut verkochen.
Reicht man das Kraut zu Selch- oder Rindfleisch, kann man am Schluß etwas aufgerissenen Kren daruntermischen.

16. Neugesäuertes Kraut

600 g Weißkraut
1 TL Salz
1 TL Kümmel
3 EL Essig
40 g Fett
1 TL Mehl

Das feinnudelig geschnittene Kraut mit Salz, Kümmel und Essig vermischen, gut durchkneten und mindestens 1 Stunde stehen lassen. In heißem Fett mit wenig Wasser weichdünsten. Mehl mit etwas kaltem Wasser glattrühren, mit dem Kraut verkochen.

Eierkren, Reinling

17. Mölltaler Kraut

600 g Weißkraut
1 TL Salz
1 TL Kümmel

50 g Grammelfett
3 Knoblauchzehen

Das Kraut feinnudelig aufschneiden, mit den Gewürzen und wenig Wasser weichdünsten. Kleingehackten Knoblauch im Grammelfett einmal aufschäumen lassen, über das Kraut schütten.
Auf dieselbe Art wird oft auch das Sauerkraut zubereitet.

18. Machetkraut

500 g Sauerkraut
1 TL Kümmel
6 Wacholderbeeren
1/2 TL Salz

50 g Grammelfett
oder Verhackert
1 TL Mehl

Grammelfett oder Verhackert mit dem Mehl zu einer Kugel verkneten, mit dem Kraut und den Gewürzen ca. 1/2 Stunde dünsten.
Saure Rüben bereitet man auf dieselbe Art zu.

19. Gedünsteter Kohl

600 g Kohl
200 g Erdäpfel
2 Knoblauchzehen
1 TL Kümmel
1 TL Salz

40 g Fett
40 g Mehl
1 EL Essig

Den Kohl in breite Streifen schneiden, die Erdäpfel schälen, vierteln, knapp mit Wasser bedecken und mit den Gewürzen garkochen.
Aus Fett und Mehl eine Einbrenn machen, mit dem Kohl verkochen, am Schluß mit Essig würzen.
Kohl schmeckt sehr gut zu Selchwürsten, Rind- oder Selchfleisch.

20. Kürbiskraut

750 g Speisekürbis
1 TL Salz

40 g Fett
40 g Zwiebeln
1 EL Paprikapulver
1 EL Essig
1 TL Kümmel

1/8 l saurer Rahm
1 TL Mehl
1 TL Dillkraut

Den Kürbis schälen, entkernen, in Streifen oder Würfel schneiden, einsalzen.
Feingehackte Zwiebeln im Fett hellbraun rösten, Paprikapulver zugeben, sofort mit Essig ablöschen. Den Kürbis leicht ausdrücken, zu den Zwiebeln geben, mit Kümmel kurz dünsten.
Sauren Rahm mit Mehl glatt verrühren, das Gemüse damit binden. Mit gehacktem Dillkraut bestreuen.

21. Hadnprein

250 g Buchweizenkörner
1/2 l Wasser
1 TL Salz

ev. 30 g Fett

Den Buchweizen bei schwacher Hitze leicht rösten, mit Salzwasser aufgießen und ca. 20 Minuten auf der Herdplatte bei schwacher Hitze ausdünsten, ev. mit Fett abschmalzen.
Schmeckt sehr gut zu Schwammerlsoße, verschiedenen Fleischspeisen oder auch mit Milch.

22. Hirseprein

250 g Hirse
1/2 l Wasser
1 TL Salz

ev. 30 g Fett

Die Hirse sehr gut waschen, in kochendes Salzwasser einkochen, ca. 20 Minuten ausdünsten lassen. Einmal vorsichtig umrühren.

23. Gerstprein

250 g Rollgerste
1/2 l Wasser
1 TL Salz

ev. 30g Fett

Die Rollgerste wie den Buchweizen kurz „linden" (d. h. trocken, bei leichter Hitze rösten) und im Salzwasser ca. 30 Minuten dünsten.

24. Talggnprein

250 g groben Talggn
3/8 l Wasser
schwach 1 TL Salz

ev. 30 g Fett

Den Talggn in kochendes Salzwasser einlaufen lassen, auf der ausgeschalteten Herdplatte ausdünsten.
Talggn ist eine Oberkärntner Spezialität. Dazu läßt man Getreidekörner in heißem Wasser quellen, seiht sie ab und trocknet sie bei schwacher Hitze im Backrohr. Dann werden sie grob oder fein gemahlen.
Talggn ist auf den Bauernmärkten im Oberland erhältlich.

25. Polenta

250 g Maisgrieß
1/2 l Wasser
1 TL Salz

ev. 30 g Fett

Den Maisgrieß in kochendes Salzwasser einlaufen und bei schwacher Hitze ca. 20 Minuten ausdünsten lassen. Den dicken Brei in eine mit kaltem Wasser ausgespülte Wannenform fest einpressen, herausstürzen und in dicke Scheiben schneiden.

6 Süße Speisen und Schlemmereien

Süße Speisen und Schlemmereien

Krapfen, Vögalan, Reinkalan und Radln,
Obstspeisen

1. Krapfen

500 g Auszugsmehl
30 g Germ
60 g Zucker
1 TL Salz
60 g Butter
gut 1/4 l Milch
1 Ei und
1 Eidotter
2 EL Schnaps
oder Rum

Backschmalz
Zucker zum Bestreuen

Aus den Zutaten einen weicheren Germteig machen, gut aufgehen lassen. Ganz wenig zusammenkneten, 2 cm dick ausrollen, Krapfen ausstechen. Auf einem gut bemehlten Tuch zugedeckt doppelt so hoch aufgehen lassen. Während des Aufgehens einmal umdrehen. Mit der oberen Seite zuerst ins heiße Fett legen und zugedeckt auf einer Seite goldbraun backen. Umdrehen, die zweite Seite offen backen. Abtropfen lassen, bezuckern.

Wichtig: Der Arbeitsraum soll warm sein. Die Temperatur des Backfettes stimmt, wenn es zwischen den Krapfen kleinblasig und weiß schäumt. Richtige Kärntner Krapfen sind ungefüllt.

2. Auszügler

Krapfen zubereiten, aufgehen lassen. Vor dem Einlegen ins heiße Fett in der Mitte dünn auseinanderziehen und mit dieser Seite zuerst ins Backfett legen. Auf beiden Seiten goldbraun backen. Nach dem Abtropfen die Höhlung mit dickem Preisel- oder Schwarzbeerkompott oder Marmelade füllen.

3. Bauern- oder Ölkrapfen

500 g Mehl
30 g Germ
2 EL Zucker
1 TL Salz
50 g Butter oder 3 EL Öl
1/4 l Milch
1/4 l Schnaps
1 Ei
Öl zum Ausbacken

Den Germteig nach dem Aufgehen ganz wenig zusammenkneten, fingerdick ausrollen und große Krapfen ausstechen. Etwas in die Länge ziehen, aufgehen lassen. Vor dem Einlegen ins heiße Öl dreimal einradeln. Es muß ein fingerdicker, zusammenhängender Rand bleiben. Rasch goldbraun backen.

Man ißt sie zu Kraut, Erdäpfelsuppe oder Fleisch. Früher hat man sie meist aus Leinöl herausgebacken.

Auszügler, Stangelkrapfen, Vögalan, Krapfen, Bauernkrapfen

4. Hochzeitskrapfen

Germteig, Mengen und Zubereitung siehe Krapfen.

Fülle:
250 g Mohn
8 EL Milch
4 EL Honig
1 EL Schnaps
oder Rum
1/2 TL Zimt
1 Prise Piment
oder 400 g Dörrzwetschken
1 EL Honig
1 EL Schnaps
etwas Zimt

Backfett

Den Krapfenteig nach dem Aufgehen gut zusammenkneten, 2 mm dick ausrollen. Große Scheiben ausstechen, mit einer Füllekugel belegen und wie die Faustnudeln formen. Nach nochmaligem Aufgehen im heißen Fett beidseitig goldbraun backen.
Fülle: Milch und Honig aufkochen, geriebenen Mohn und Gewürze dazumischen. Sollte die Masse sehr weich sein, etwas Brösel dazugeben.
Die Dörrzwetschken einweichen, entkernen, faschieren und mit den Gewürzen vermischen, ev. mit Bröseln etwas binden.

5. Stangelkrapfen

Mengen und Zubereitung siehe Krapfenteig.

Fülle:
50 g Butter
4 EL Honig
100 g Mohn
geriebenen oder
100 g Karobemehl

Backfett

Den aufgegangenen Krapfenteig leicht zusammenkneten, bleistiftdick ausrollen und zu 5 cm breiten, ca. 12 – 15 cm langen Stücken schneiden. In der Mitte, der Länge nach zuerst zerlassene Butter, dann Honig und Mohn oder Karobemehl daraufgeben. Die Ränder gut zusammendrücken und schöne, glatte Stangen formen. Nach nochmaligem Aufgehen im heißen Fett goldbraun backen.

6. Vögalan

500 g Mehl
30 g Germ
50 g Zucker
1 TL Salz
50 g Butter
1/4 l Milch
2 EL Schnaps
oder Rum
2 Eier
ev. 100 g Weinbeeren

Backschmalz

Einen Germteig zubereiten (man kann Weinbeeren einarbeiten). Nach dem Aufgehen mit einem Eßlöffel Nockerln abstechen und ins heiße Backschmalz einlegen. Beidseitig goldbraun backen.
Dazu Milchkaffee, Apfelmandl oder Kompott.

7. Germstraubn

300 g Mehl
20 g Germ
1 EL Zucker
1/2 TL Salz
50 g Butter
1/4 l Milch
2 EL Schnaps
oder Rum

Backfett

Aus den Zutaten einen dickflüssigen Germteig machen und ca. 1/2 Stunde rasten lassen. Durch einen kleineren Trichter den Teig in Spiralen von außen nach innen zu Platten von ca. 10 – 12 cm Durchmesser ins heiße Backfett einlaufen lassen. Auf beiden Seiten goldbraun backen.

Polsterzipfl

Diese Straubn kann man auf verschiedene Art essen: mit geriebenem Mohn und Zucker bestreut zu Milch, mit Zucker und Zimt bestreut mit Zwetschkenpfeffer, Apflmandl oder Kompott, übergossen mit etwas Most, den man mit Honig süßt.

8. Schottraunkn

300 g Mehl
300 g Topfen,
passiert
30 g Germ
1 TL Salz
knapp 1/4 l Milch
2 Eier

Backfett

Mehl und Topfen vermischen und mit den übrigen Zutaten zu einem Germteig verarbeiten. Nach dem Aufgehen mit einem Eßlöffel runde Nockerln ausstechen und im heißen Fett beidseitig goldbraun backen.

Heiß oder kalt schmecken sie gut zu Kompotten, Sauerkraut oder Salaten.

9. Plateln

400 g Roggenmehl
30 g Germ
knapp 1/4 l Milch
1 Ei
1 TL Salz
1/2 TL Fenchel
und Kümmel
etwas Koriander

Backschmalz

Aus den Zutaten einen Germteig machen, doppelt so hoch aufgehen lassen. Auf einem gut bemehlten Brett bleistiftdick ausrollen, zu Scheiben ausstechen. Nach halbstündigem Rasten im heißen Backfett rasch beidseitig hellbraun herausbacken.
Dazu schmeckt am besten Sauerkraut oder neugesäuertes Kraut.

10. Erdäpfelkrapfen

300 g Erdäpfel
300 g Mehl
30 g Germ
1 TL Salz
gut 1/8 l Milch
2 Eier

Backfett

Die Erdäpfel kochen, noch heiß schälen, passieren und erkalten lassen. Mit dem Mehl vermischen und den anderen Zutaten einen Germteig herstellen. Nach dem Aufgehen mit einem Löffel runde Nockerln abstechen und im heißen Fett beiderseitig goldbraun backen.
Mag man's süß, bestreut man sie mit Zimt und Zucker und ißt Kompott dazu, sonst mit Kraut oder anderen Gemüsen.

11. Gurktaler Reingalan

250 g Topfen
250 g gekochte Erdäpfel
ca. 150 g Mehl
1 TL Salz
1 Ei

Backfett

ca. 1/2 l Milch

Die gekochten Erdäpfel passieren, mit dem passierten Topfen und den anderen Zutaten rasch zu einem Teig verkneten. Daraus kleine Knödel formen und im heißen Fett hellbraun backen. In einer flachen Kasserolle die Milch erhitzen, die Knöderln nebeneinander hineinlegen und bei nicht zu starker Hitze zugedeckt so lange dünsten, bis die ganze Milch aufgesogen ist.
Dazu passen Salate oder Kompott.

12. Scheadlan oder Polsterzipfl

300 g glattes Mehl
30 g Butter
1/8 l Milch
1/2 TL Salz
1 EL Zucker
1 EL Schnaps oder Rum
1 Ei

Backfett

Die Butter zerlassen, Milch dazuschütten, (die Flüssigkeit sollte handwarm sein) die Gewürze und Ei darin gut verrühren. Mit dem Mehl zu einem Teig verarbeiten und diesen solange kneten, bis er glatt ist. Nach 1/2 – 1 stündigem Rasten rollt man ihn gut messerrückendick aus und radelt ihn zu verschobenen Vierecken aus. Die Teigfleckerln in heißem Fett auf beiden Seiten hellbraun backen.
Typisch kärntnerisch: Einen Teil der Scheadlan ißt man zu Erdäpfelsuppe, den Rest zu Apfelmandl oder Schwarzbeerkompott. Auch Scheadlan und Erdäpfelsoß sind eine beliebte Kombination.

13. Schnittlan

250 g Milchbrot
1/4 l Milch
3 Eier
1 EL Schnaps oder Rum

Backschmalz

Zucker und Zimt zum Bestreuen

Altbackenes Milchbrot oder mürbes Weißbrot in 1/2 cm dicke Scheiben schneiden. Milch, Eier und Rum gut versprudeln, die Brotscheiben darin eintauchen und rasch in heißem Butterschmalz goldbraun ausbacken. Noch heiß mit Zucker und Zimt bestreuen. Dazu trinkt man Milch oder Glühmost.

14. Apfelradeln

6 – 8 mittelgroße Äpfel
Backteig:
1/4 l Most oder Milch
2 Eier
1/2 TL Salz
1 EL Zucker
1 EL Schnaps oder Rum
200 g glattes Mehl

Backschmalz

Zucker und Zimt zum Bestreuen

Backteig: Die Flüssigkeit mit Eiern, Salz, Zucker und Schnaps gut versprudeln, mit dem Mehl zu einem glatten Teig verrühren. Diesen 1/2 Stunde rasten lassen.

Die Äpfel entkernen, schälen, zu 1 cm dicken Scheiben schneiden. Die Radeln in den Teig tauchen, etwas abtropfen lassen und im heißen Fett auf beiden Seiten goldbraun backen. Nach dem Abtropfen mit Zimt und Zucker bestreuen.

15. Gebackene Hollerstrauben

Backteigzutaten und Zubereitung siehe Apfelradeln.
8 mittelgroße, frisch gepflückte
Blütendolden vom schwarzen Hollunder
Backschmalz
Zucker und Zimt zum Bestreuen

An den Hollerblüten läßt man einen kurzen Stiel zum Festhalten. Die Blüten in Backteig tauchen, abtropfen lassen, ins heiße Backfett etwas hineindrücken, damit sie wieder flach werden. Goldbraun backen und abgetropft mit Zucker und Zimt bestreuen.
Man ißt sie warm oder kalt und trinkt Milch dazu.

16. Resches Ei

Pro Person rechnet man:
2 Eier
1 TL Mehl
etwas Salz
1 Prise Majoran

Backschmalz

Die Eier mit den anderen Zutaten gut versprudeln. In einer flachen Pfanne Butterschmalz heiß machen. Aus einem Schnabeltopf die Eiermasse dünn, rund einlaufen lassen und knusprig goldbraun backen. Man kann es auch fertig leicht anzuckern.

17. Kräutlach Ei

Zutaten und Zubereitung siehe Resches Ei. Man gibt 1 EL frische, aufgehackte oder 1 TL trockene Kräuter dazu. Kräutermischung: Majoran, Kamille, Zitronenmelisse, Thymian und Fenchel.
Früher war dies die 1. Speise, die eine Wöchnerin nach der Geburt eines Kindes bekam.

Scheadlan, Erdäpfelsuppe, Schwarzbeeren

18. Gstandne Milch

1 l Milch
etwas Salz
2 EL Zucker
3 Eidotter
50 g Mehl

Zucker und Zimt

Dreiviertel der Milch mit Salz und Zucker aufkochen. Das restliche Viertel mit den Eidottern und Mehl sehr gut versprudeln. In die kochende Milch schütten und unter ständigem Rühren 5 Minuten kochen.
In Schüsserln abfüllen, gut gekühlt mit Zucker und Zimt bestreuen. Man kann auch frische Beeren in die Speise mischen.

19. Bratäpfel

4 – 8 mittelgroße Äpfel
Fülle:
50 g Nüsse
100 g Preiselbeer-kompott

1 EL Butter
1/8 l süßer Rahm

Zucker und Zimt

Aus den Äpfeln das Kernhaus entfernen. In die Höhlung ein Gemisch von gehackten Nüssen und Preiselbeeren füllen. Die Äpfel in eine bebutterte Rein setzen, mit Rahm übergießen und bei guter Hitze im Rohr braten.
Mit Zucker und Zimt bestreut auf den Tisch bringen.

20. Grantnschleck

250 g weicher Topfen
1/8 l süßer Rahm
3/8 l Preiselbeerkompott

Topfen und Rahm sehr gut schaumig rühren, die Grantn untermischen.

Bratäpfel

Wenn man Topfen nicht so gerne mag, kann man in 1/4 l steif geschlagenen süßen Rahm die Preiselbeeren mischen.

21. Drautaler Birnen

4 große Birnen
1 TL Butter
1 Zitrone Saft
1/2 l Süßmost
oder 1/4 l Wasser und 1/4 l Weißwein
3 EL Zucker

4 EL Preiselbeerkompott
1/8 l süßer Rahm

Die Birnen schälen, halbieren, das Kernhaus rund ausstechen, mit Zitronensaft einreiben. In eine bebutterte Kasserolle legen, mit Apfelsaft oder dem gezuckerten Wasser-Weingemisch gardünsten. Im Saft auskühlen lassen.
Auf einem Teller anrichten, die Höhlung mit Preiselbeeren füllen. Etwas Saft dazugießen und mit steifgeschlagenem Rahm auftragen.

Gstandne Milch

22. Grantnmilch

1/8 l saure Milch
1/4 l süßer Rahm
250 g Preiselbeer-kompott
etwas Ingwer

Alles gut vermischen und gut gekühlt, mit etwas Ingwer gewürzt, zu Tisch bringen.

23. Apfelmandl oder Apfelkoch

500 g säuerliche Äpfel
etwas Zimtrinde
einige Nelken
1 EL Butter
1 TL Mehl
Zucker nach Geschmack
1/2 l Wasser

Die Äpfel schälen, in dicke Spalten schneiden und mit den Gewürzen weichkochen. Mehl in Butter hellbraun rösten. Diese Einmach mit den Äpfeln verkochen. Nach Geschmack zuckern.
Zu Schmalzgebackenem wurde das Koch immer ungezuckert gegessen. Warm oder kalt auftragen.

Schwarzbeeren werden auf dieselbe Art zubereitet.

24. Hollermandl

1 kg abgerebelte, schwarze Hollerbeeren
1 Stengel Wohlgemuth
1 l Wasser
250 g Äpfel
Zucker nach Geschmack

Die Hollunderbeeren mit Wohlgemuth im Wasser 1 Stunde leicht kochen, durch ein Sieb streichen. In diesem Saft geschälte, dünnblättrig aufgeschnittene Äpfel weichkochen. Gut gekühlt auftragen.
Als Jause aufgetischt, richtet man die Speise über dünnen Schwarzbrotschnitzeln an.

Drautaler Birnen

25. Zwetschken- oder Kletzenpfeffer

500 g Dörrzwetschken
oder Kletzen
1/2 l Wasser
1 Zimtrinde
6 Nelken
2 EL Schnaps
oder Rum

Die Trockenfrüchte einige Stunden in Wasser einweichen, dann mit den Gewürzen weichkochen. Kerne, Stiele und Blütenreste entfernen, die Früchte fein aufhacken oder faschieren. Mit dem Kochwasser und Schnaps vermischen.
Will man die Speise warm essen, wird alles nochmals aufgekocht.

26. Preiselbeersoße

300g Preiselbeerkompott
1 EL Butter
1 TL Mehl
1/4 l Wasser
1 Zimtrinde
5 Nelken

Mehl in Butter hellbraun rösten, mit kaltem Wasser aufgießen, Preiselbeeren und Gewürze dazugeben, gut verkochen.

27. Grantn mit Zwetschken

400 g Zucker
1/2 l Wasser
1 l Preiselbeeren
500 g Zwetschken

Wasser und Zucker aufkochen die Preiselbeeren und Zwetschken, (vorher einige Male mit einer Gabel anstechen) dazugeben, ca. 10 Minuten kochen. Noch kochend heiß in Gläser füllen und gut verschließen. Kalt aufbewahren.
Anstelle von Zwetschken kann man auch geschälte, entkernte Birnen, in dicke Spalten geschnitten, nehmen.
Es ist eine gute Zuspeis zu verschiedenen Braten oder Schmalzgebackenem.

28. Schwarzbeeren

1/8 l Weinessig
350 g Zucker
4 Nelken
1 kleines Stück
Zimtrinde
1/8 l Wasser

1 1/2 l Schwarzbeeren

Essig, Wasser, Zucker und Gewürze kurz aufkochen. Die Schwarzbeeren dazugeben, 5 Minuten leicht kochen lassen. Die Beeren herausnehmen, den Saft weitere 5 Minuten einkochen. Die Beeren wieder dazugeben, nochmals aufkochen, heiß in Gläser füllen, gut verschließen.
Dieses Kompott schmeckt gut zu Schmalzgebackenem.

29. Grantn ohne Zucker

Die Preiselbeeren ausklauben, waschen und auf einem Tuch abtrocknen. Die Beeren langsam zum Kochen bringen. Wenn sie Saft lassen, einmal gut aufkochen, sofort in irdene Töpfe oder Gläser füllen. Nach dem Erkalten zubinden und kühl aufbewahren.

Echter Kärntner Bienenhonig

MARKE GES. GESCH.

Füllgewicht: 470 g
Umweltfreundliche Verpackung

Waldhonig
1 kg 110-

7 Germteigspeisen und Festtagskuchen

Germteigspeisen und Festtagskuchen

Germflecken und Reinlinge, Kuchen und Lebkuchen

1. Wie man einen Germteig zubereitet

Es empfiehlt sich, zuerst eine Gärprobe oder Dampfl zu machen, da der Teig dann schneller aufgeht. Auch Trockenhefe sollte man zuerst mit etwas warmer Flüssigkeit anrühren. Für die Gärprobe die Germ mit 2 EL warmer Milch oder Wasser, 1 TL Zucker und 1 EL Mehl gut verrühren. An einer warmen Stelle zu doppelter Höhe aufgehen lassen. Das Mehl mit Zucker, Salz und den Gewürzen in eine genügend große Schüssel geben. Das Fett zerlassen, die Milch zugeben und die Eier darin versprudeln. Wenn dies alles vorbereitet ist, zuerst das Dampfl, dann die Flüssigkeit ins Mehl mischen, gut verrühren und den Teig solange abschlagen, bis er glatt ist und sich vom Kochlöffel löst. Leicht mit Mehl bestäuben, mit einem Tuch zudecken und den Teig an einer handwarmen Stelle zu doppelter Höhe aufgehen lassen. Bevor man mit dem Ausformen beginnt, den Teig auf einem gut bemehlten Brett durchkneten. Dadurch wird das Gebäck feinporig. Den Teig fertig verarbeiten, in eine gut befettete Backform legen. Man kann das Gebäck ins kalte Backrohr schieben, auf mittlere Hitze einsstellen, oder man läßt es nochmals aufgehen und schiebt es ins vorgeheizte Rohr. Für hohe Gebäcke empfiehlt sich die 1. Art, für flache die zweite.

2. Milchbrot oder Wazanes

500 g Mehl
20 g Germ
30 g Butter
1/4 l Milch
1 Ei
1 TL Salz
1 TL Anis

Butter für die Form

Aus diesen Zutaten einen Germteig zubereiten. Nach dem Aufgehen und Durchkneten in eine befettete Kastenform füllen. Nach nochmaligem Aufgehen bei 180° backen.
Man ißt es zu Wurst und Selchfleisch oder verwendet es für die Schnittlan.

3. Flecknwazan

Germteigzutaten wie für das Milchbrot

Zum Belegen:
50 g Butter
100 g Kristallzucker
1 TL Zimt oder
50 g Zucker
100 g Mohn

Nach dem Aufgehen und Durchkneten den Germteig fingerhoch ausrollen und zu runden Fladen von 10 – 15 cm Durchmesser formen. Auf ein befettetes Backblech legen, mit dem Finger einige Vertiefungen eindrücken. In diese Butterstückchen legen, alles mit Zimt und Zucker oder Mohn bestreuen. Nach mehrmaligem Aufgehen im vorgeheizten Rohr bei 200° backen.
Noch warm mit Milch oder Apfelkoch essen.

4. Zwetschken- oder Schwarzbeerfleck

Germteig:
500 g Mehl
20 g Germ
60 g Butter
1 Ei und
1 Eidotter
1/4 l Milch
50 g Zucker
1 TL Salz
1 TL Anis

1 kg Zwetschken oder
1 l Schwarzbeeren

100 g Zucker

Butter fürs Blech

Den aufgegangenen Germteig durchkneten, in Backblechgröße ausrollen, aufs bebutterte Blech legen. Die Zwetschken entkernen, halbieren und mit der Schnittfläche nach oben darauflegen. Die Schwarzbeeren darüberstreuen. Nochmals aufgehen lassen. Das Rohr auf 100° vorheizen und den Kuchen bei 180° backen. Bevor er ganz fertig ist, den Zucker darüberstreuen.

Flecknwazan, Zwetschkenfleck, Nußpotize

5. Reindling oder Reinling

Germteig:
500 g Mehl
20 g Germ
50 – 100 g Butter
1/4 l Milch
1 Ei und
1 Eidotter
50 g Zucker
1 TL Salz
1 TL Anis

Fülle:
50 g Butter
100 g Zucker
2 EL Zimt
100 g Rosinen

Butter für die Form

Einen Germteig zubereiten, gut aufgehen lassen und durchkneten. 1 cm dick ausrollen, zuerst mit zerlassener Butter, dann Zucker, Zimt und Rosinen bestreuen. Fest zusammenrollen. Schneckenförmig in eine gut bebutterte (am besten irdene) Rein legen. Bei 180° backen. In der Form überkühlen lassen, herausstürzen.
Anstelle von Zimt und Zucker kann man auch 200 g Karobemehl einstreuen.
Zu Ostern ißt man Reinling mit Schinken und Eierkren. Er ist ein in Kärnten beliebtes Frühstücks- und Jausengebäck zu Milchkaffee.

6. Hochzeitsreinling

Germteigmengen und Zubereitung siehe Reindling.

Fülle:
100 g Nußkerne
100 g Kletzen oder
Dörrzwetschken
100 g Karobemehl
50 g Butter
5 EL Honig oder
Zucker

Die Nüsse grob aufhacken, die Kletzen einweichen, entkernen, entstielen und wie die Dörrzwetschken kleinwürfelig aufschneiden. Zuerst zerlassene Butter, dann Karobemehl, Früchte und Honig oder Zucker auf dem ausgerollten Teig verteilen. In einer Gugelhupfform backen.

7. Bertramreinling

Germteigzutaten wie für den Reindling, aber ohne Zucker.

Fülle:
2 altbackene Semmeln
1/4 l Milch
80 g Butter
3 Eier
1 TL Salz
4 EL saurer Rahm
5 EL Estragon

Butter für die Form

Die Semmeln in Milch einweichen, gut ausdrücken, passieren. Butter schaumig rühren, die Eier einrühren, Semmeln, Salz und Rahm einmengen. Diese Masse auf den 1 cm dick ausgerollten Germteig streichen, mit gehackten Estragon-(Bertram)blättern bestreuen, gut zusammenrollen. Wie einen Reinling oder als Rolle auf dem Blech backen.
Warm oder kalt essen.

8. Nuß oder Mohnpotize

Germteigzutaten wie für den Reindling.

Fülle:
1/8 l Milch
5 EL Honig oder
Zucker
400 g geriebene
Walnüsse oder Mohn
1/2 TL Zimt
1 Prise Nelkenpulver
1 EL Rum
50 g Weinbeeren
2 EL Brösel

Butter für die Backform

Milch mit Honig oder Zucker aufkochen. Alle anderen Zutaten einrühren, aber nicht mehr kochen. Die Fülle noch lauwarm auf den 1 cm dick ausgerollten Germteig streichen. Den Teig von 2 Seiten zur Mitte hin zusammenrollen. Diese Rolle in eine gut bebutterte Kasten- oder Guglhupfform legen und wie den Reindling backen.

9. Hadnstrutz

Germteigmengen wie für das Milchbrot.

Fülle:
300 g Heidenmehl
20 g Germ
1 EL Zucker
1/2 TL Salz
ca. 1/4 l Milch

Fett fürs Blech

Das Heidenmehl linden und noch lauwarm mit den übrigen Zutaten zusammenrühren. Die Masse soll dick und streichfähig sein. Auf den 1 cm dick ausgerollten Germteig streichen, zusammenrollen, aufs Blech oder in eine Kastenform legen und wie den Reinling backen.

10. Dampfnudel

400 g Mehl
30 g Germ
50 g Zucker
1 TL Salz
50 g Butter
3/16 l Milch

ev. 80 g Weinbeeren

50 g Butter
Zucker und Zimt
oder Mohn
zum Bestreuen

Honigschmalz:
5 EL Honig
5 EL Milch
50 g Butter

Aus den ersten Zutaten einen Germteig bereiten, ev. Weinbeeren einarbeiten, gut gehen lassen. Den Teig etwas zusammenkneten, einen großen Laib formen, noch ca. 10 Minuten rasten lassen. Den Teig locker in ein Tuch einbinden und auf einem Einsatz in einem geschlossenen Topf über Wasserdampf ca. 1 Stunde garen. Dann aus dem Tuch stürzen, mit einem Zwirnfaden in Stücke teilen, mit zerlassener Butter übergießen oder in Honigschmalz tunken.
Entweder mit Zimt und Zucker oder geriebenem Mohn bestreuen, dazu Milch trinken, oder mit Grantnsoß oder Zwetschkenpfeffer auftragen.
Honigschmalz: Honig erwärmen, Butterstückchen und Milch einrühren.

11. Gefüllte Dampfnudeln

Germteigzutaten wie für Dampfnudel.

Fülle:
6 EL Wasser
3 EL Honig
250 g Mohn, gerieben
1 TL Zimt

3/4 – 1 l Milch
50 g Butter

Einen Germteig wie für den Dampfnudel herstellen. Nach dem Aufgehen durchkneten und fingerdick ausrollen. In ca. 10 cm große Quadrate schneiden, mit Fülle belegen, die Ränder gut darüber verschließen, kleine Knödel formen.
In einer entsprechend großen Kasserolle Milch und Butter aufkochen, die Dampfnudeln locker nebeneinander hineinlegen und zugedeckt bei nicht zu starker Hitze dämpfen. Wenn sie gut aufgegangen sind, dreht man sie schnell um und dämpft sie fertig. Sofort essen.
Fülle: Wasser mit Honig einmal aufkochen, Mohn und Zimt einmischen.
Dazu gibt's am besten Milch oder Apfelmandl.

12. Selbst Brot backen

2 Wecken

Sauerteig:
100 g Weizenvollkornmehl
1/4 l Buttermilch
20 g Germ oder 1 Paket Trockenhefe
1 TL Zucker

1 kg Roggenvollmehl
500g Weizenvollmehl
1 – 2 Pakete Trockenhefe
100 g Sauerteig
3 TL Salz
1 TL Fenchel
1 TL Kümmel
1/2 TL Anis
1/2 TL Koriander
1 l Wasser

Sauerteig: alle Zutaten gut miteinander verrühren, 2 – 3 Tage stehen lassen, täglich einmal gut umrühren. Man kann auch einen Teigrest des Brotteiges 2 – 3 Tage stehen lassen, dann einfrieren und für die nächste Brotzubereitung aufgetaut verwenden.
Für das Brot alle Zutaten mischen, durchkneten, gut aufgehen lassen. Den Teig durchkneten, formen (Striezel oder Laib) und in den Brotkörben nochmals gehen lassen. Auf ein leicht befettetes Blech stürzen, gut mit Wasser benetzen und zusammen mit einer Schale Wasser ins Backrohr schieben. Je nach Größe 1 – 1 1/2 Stunden backen.

Backtemperatur:
Das Backrohr auf 300° vorheizen (Heißluftherd 250°) nach 20 Minuten auf 200° zurückschalten (Heißluftherd 160°).

Hochzeitsreinling

13. Trenten

Den aufgegangenen Brotteig zusammenkneten, faustgroße Teigkugeln machen, zu dünnen Fladen auseinanderrollen. Mit dem Finger Vertiefungen eindrücken, Butter, Grammelschmalz oder Verhackert hineingeben. Mit Eiklar bestreichen und je nach Geschmack gehackte Nußkerne, Sonnenblumenkerne, frische oder getrocknete Beeren, Mohn, Kräuter oder Knoblauch daraufstreuen. Wie die Flecken im vorgeheizten Rohr bei 200 – 220° backen.
Sie sind ein gutes Knabbergebäck zu einem Getränk oder noch warm zu Milch.

14. Mohnkuchen

150 g Butter
2 Eidotter
150 g Zucker
2 EL Zitronensaft, 2 EL Rum
150 g Mohn, gerieben
150 g Mehl
1/2 Backpulver
1/8 l Milch
2 Eiklar Schnee

Lebkuchen

Fett und Mehl für die Form

Zucker zum Bestreuen

Butter, Dotter, Gewürze und Zucker gut schaumig rühren. Mohn, Mehl und Backpulver vermischen. Die trockenen Zutaten mit der Milch in den Butterabtrieb einrühren, den steifen Schnee unterziehen. Die Masse in eine befettete, bemehlte Backform füllen und bei 180° ca. 3/4 Stunden backen. Etwas überkühlen lassen, aus der Form stürzen, leicht anzuckern.
Anstelle des Mohnes kann man auch 150 g geriebene Haselnüsse nehmen.

15. Heidenmehlkuchen

50 g Butter
5 Eidotter
150 g Zucker
1 EL Rum
1 EL Zitronensaft
100 g Heidenmehl
100 g Weizenmehl
5 Eiklar Schnee

Fülle:
200 g Ribiselmarmelade

Zucker zum Bestreuen

Butter, Dotter, Zucker und Gewürze schaumig rühren. Heiden- und Weizenmehl gut vermischen und abwechselnd mit dem steifen Eischnee vorsichtig in die Dottermasse einrühren. In eine befettete, bemehlte Backform füllen und bei 180° ca. 3/4 Stunden backen. Überkühlt aus der Form stürzen. Wenn der Kuchen vollkommen erkaltet ist, ein- bis zweimal durchschneiden, mit Marmelade füllen und anzuckern.

16. Topfenkuchen

250 g Mehl
200 g Butter
1 Ei, etwas Wasser

Fülle:
250 g Topfen
1 Ei
80 g Zucker
Zucker zum Bestreuen

Die Butter schaumig rühren, Mehl Ei und soviel Wasser (ca. 2 EL) einrühren, daß ein mittelfester Teig entsteht. Die Hälfte davon dünn ausrollen, aufs Blech legen, mit Fülle bestreichen. Die zweite, ausgerollte Hälfte darüberlegen, die Ränder zusammendrücken. Einige Male mit einer Gabel anstechen und bei 180° ca. 1/2 Stunde im vorgeheizten Rohr hellbraun backen. Anzuckern.
Fülle: den Topfen, wenn nötig, passieren, mit Ei und Zucker gut verrühren.

17. Bauernkuchen

ca. 300 g Milchbrot
oder Reindling
ca. 200 g Lebkuchenschnitten

1/2 l Milch
4 Eier
3 EL Rum
2 EL Zucker
1/2 TL Zimt
1 Prise Piment

50 g Butter
2 EL Brösel

Honigschmalz:
5 EL Honig
5 EL Wasser
80 g Butter

Reindling oder Milchbrot und Lebkuchen in 1/2 cm dicke Scheiben schneiden. Milch mit Eiern, Zucker und Gewürzen gut versprudeln. Eine etwas höhere Pfanne gut mit Butter ausstreichen und Bröseln bestreuen. Weißbrotscheiben in das Milch-Eiergemisch tauchen, dicht in die Pfanne legen, dann Lebkuchenschnitten eintauchen, quer darüberlegen. Noch eine Lage Brot und Lebkuchen daraufgeben, mit Weißbrot abschließen. Butterflöckchen daraufsetzen und bei 180° im Rohr ca. 1/2 Stunde backen. Auf einen Teller stürzen, mit Honigschmalz übergießen und noch warm mit Milchkaffee zu Tisch bringen.
Honigschmalz: Honig und Wasser leicht erwärmen. Die Butter in kleine Stücke schneiden, mit dem Honigwasser verrühren. Es soll eine trübe, dickliche sämige Flüssigkeit entstehen. Nicht heiß machen!

Dieser Kuchen, eigentlich ein Auflauf, wurde meist an den Weihnachtsfeiertagen oder für Hochzeitstafeln zubereitet.

18. Das Süaße

300 g altbackenes
Milchbrot oder Reindling
200 g geriebener Mohn
3 EL Zucker
1/2 l Kletzenkochwasser und
5 EL Schnaps
oder
1/2 l Glühmost

Das Weißbrot dünnblättrig aufschneiden. Mohn und Zucker mischen. In eine Schüssel lagenweise Brotschnitten und Mohn legen, mit Brot abschließen. Das Kletzenkochwasser mit Schnaps würzen. Dieses oder Glühmost über das Brot schütten, dann gut kühlen.
Im Lavanttal gibt es diesen Nachtisch (mit Kletzenkochwasser bereitet) nur zu Weihnachten. Bei Festtafeln wird die Speise oft zwischen den Fleischspeisen aufgetragen.

Heidenmehlkuchen

19. Kletzenbrot

1 kg Dörrbirnen
1 l Wasser
500 g Roggenmehl
100 g Sauerteig (vom Bäcker holen)
oder 60 g Germ
1 TL Salz
1 TL Zimt
1/4 TL Nelkenpulver
4 EL Honig
2 EL Schnaps oder Rum
250 g Walnüsse

Die Kletzen über Nacht einweichen, dann weichkochen. Blütenreste und Stiele entfernen, fein aufhacken oder faschieren. Die Nüsse grob hacken, mit Rum vermischen. Aus Mehl, 1/4 l Kletzenkochwasser, Sauerteig und den Gewürzen einen Teig machen. Kletzen und Nüsse in den Teig einkneten. Doppelt so hoch aufgehen lassen. Striezel oder Laibe formen, in Brotkörbchen ca. 1 Stunde aufgehen lassen. Aufs befettete Blech stürzen. Gut mit Wasser anfeuchten. Ins vorgeheizte Rohr (250°) schieben, nach 20 Minuten die Hitze auf 180° zurückschalten, fertig backen (ca. 1 Stunde). Einmal mit Wasser bestreichen. Vor Gebrauch mindestens 1 Woche abliegen lassen.
In der Advents- und Weihnachtszeit wird das Brot mit Butter und Honig bestrichen gegessen.

20. Lebkuchen

100 g Honig
100 g Zucker
2 Eier
1/2 Zitrone, Saft und Schale
2 TL Lebkuchengewürz
250 g Roggenmehl
1/2 Paket Backpulver

Fett und Mehl für die Form

Honig, Zucker, Eier und Gewürze gut schaumig rühren. Mehl, vermischt mit Backpulver, einmengen. Den Teig sofort in eine befettete, bemehlte Kastenform füllen und bei 180° – 200° backen. Überkühlt aus der Form stürzen. Erst nach einigen Tagen anschneiden und nur so viel herunterschneiden, als man gerade braucht.

Diesen Lebkuchen verwendet man auch für den Bauernkuchen.

21. Früchtelebkuchen

4 EL Honig
100 g Zucker
1 Ei
2 TL Lebkuchengewürz
400 g getrocknete Früchte
(Rosinen, Dörrzwetschken,
Nüsse, Zitronat)
150 g Weizenmehl
1 Paket Backpulver
1/8 l Milch

Die Früchte klein aufschneiden, mit Mehl und Backpulver vermischen und mit der Milch in den Honigabtrieb mischen. Wie den Lebkuchen zubereiten.

22. Lebzelten

80 g Honig
160 g Zucker
2 Eier
1/2 Zitrone, Saft und Schale
2 TL Lebkuchengewürz
300 g Roggenmehl
1 TL Natron

Eidotter zum
Bestreichen
Nußkerne oder
geschälte Mandeln
zum Belegen

Spritzglasur:
1 Eiklar
100 – 150 g Puder-
zucker

Einen Abtrieb von Honig, Zucker, Eiern und Gewürzen machen, das Mehl, vermischt mit Natron, einmischen. Den Teig, er soll fest sein, gut zusammenkneten. 1 cm dick ausrollen, Vierecke oder andere Formen ausstechen. Mit Eidotter bestreichen, auf einem gewachsten Blech im vorgeheizten Rohr bei 200° schön braun backen. Man kann die Lebzelten mit Nüssen oder Mandeln belegen oder wenn sie erkaltet sind, mit Eiweißglasur verzieren.
Spritzglasur: in das Eiklar, je nach Größe, 100 – 150 g Puderzucker einrühren, bis die Glasur schön glatt ist.

Mohnkuchen

8 Würzkräuter, Blüten- und Beerensäfte

8

Würzkräuter, Blüten- und Beerensäfte

In der ursprünglichen Kärntner Küche wurden viele Würzkräuter verwendet. Sie sind genau auf die einzelnen Speisen abgestimmt. Sie machen sie nicht nur schmackhafter, sondern tragen auch dazu bei, daß die Speisen besser verdaut werden. Der unmäßige Gebrauch von Kochsalz und scharfen ausländischen Gewürzen schadet unserer Gesundheit. Würzkräuter wirken mild, regen die Verdauungstätigkeit an, ohne zu schaden. Nicht umsonst heißt es in einem alten Sprichwort: „Ein guter Koch ist ein guterArzt."

Basilikum

Einjährige Pflanze, die im Garten oder Kistchen gezogen werden kann.
Verwendet werden die stark riechenden frischen oder getrockneten Blätter, die kräftig im Geschmack sind. Man würzt damit Erdäpfel-, Gemüse- und Fleischspeisen, Soßen, Salate und Würstl. Basilikum ersetzt Pfeffer, ist appetitanregend.
Als Hausmittel auch für Teeaufgüsse verwendbar, da es günstig auf Nerven, Nieren und Magen wirkt.

Borretsch oder Gurkenkraut

Einjährige Pflanze die einmal angebaut, sich immer wieder von selbst im Garten aussät. Gute Bienenweide.
Verwendet werden frische Blätter, Triebspitzen und Blüten für Salate, besonders Erdäpfelsalat, Soßen und Suppen. Er schmeckt und riecht wie Gurken und verstärkt den Geschmack von Dillkraut. Borretsch wirkt harntreibend und blutreinigend.

Bohnenkraut, Saturei oder Pfefferkraut

Einjährige Pflanze, die im Garten oder Kistchen gezogen werden kann. Es soll in der Nachbarschaft von Bohnen gegen Blattlausbefall angebaut werden.
Verwendet werden frische oder getrocknete Blätter, die etwas scharf schmecken. Da es stark blähungswidrig wirkt, wird es allen Hülsenfruchtgerichten beigegeben. Auch für Hirsespeisen, Kohl, Fleisch, Gemüsesuppen und Salate ist es eine gute Würze. Es regt die Magensaftabsonderung und die Darmtätigkeit an.

Dillkraut, kärntnerisch Koper

Einjährige Pflanze, die immer wieder frisch im Garten oder Kistchen ausgesät werden kann.
Verwendet werden die zarten Blätter für Salate, Soßen, Fisch, frische Erbsen und grüne Bohnen, die Samendolden zum Gurkeneinlegen. Als Hausmittel werden die Samen für Teeaufgüsse zur Magenberuhigung und gegen Blähungen genommen.

Estragon oder Bertramskraut

Mehrjährige Pflanze, die im Garten rasch verwildert.
Verwendet werden junge Blätter und Triebspitzen für Suppen, Soßen, Mayonnaisen, Essigansetzen und Gurkeneinlegen. Eine Kärntner Spezialität sind Kräuterstrudel und Bertramsreinling. Es schmeckt mild anisartig.
Estragon fördert die Verdauung und den Stoffwechsel.

Gundelrebe oder Gundermann

Wildwachsendes, kriechendes Würzkraut, das von März bis Mai blauviolett blüht, meist bei Hecken und unter Bäumen wächst.
Verwendet werden frische Blätter und zarte Triebe für Suppen und Salate. Es darf in der Kärntner Küche in keiner Fleisch- und Gerstensuppe fehlen. Im Geschmack ist es leicht bitter.
Gundelrebe ist harntreibend. Als Hausmittel wird sie frisch oder getrocknet für Teeaufgüsse bei Husten verwendet.

Kerbelkraut, kärntnerisch Keferfil

Einjährige Pflanze, die immer frisch im Garten oder im Kistchen angesät werden kann.
Vor allem die frischen, aber auch die trockenen Blätter sind ein gutes Gewürz für Suppen, Soßen und Topfenspeisen. Mit Minzen zusammen ist Kerbel unverzichtbar für die Kärntner Kasnudeln.
Kerbel hat einen milden Geschmack und soll anregend auf den Stoffwechsel und das Lymph- und Drüsensystem wirken.

Kren oder Meerrettich

Mehrjährige Pflanze, deren fleischige Wurzeln verwendet werden.
Er ist sehr scharf, wichtiger Bestandteil vieler Soßen, die vor allem zu Fleisch, Fisch und Wurst gegessen werden.
Kren ist harntreibend, regt den Gallensaftfluß und die Magen- und Darmschleimhaut an.

Liebstöckl oder Lustock

Mehrjährige Pflanze, die im Garten gezogen wird und deren Wurzelstock sich rasch vergrößert.
Die kräftig schmeckenden und riechenden Blätter werden für Suppen, Fleischgerichte, Soßen und sparsam für Salate verwendet. Keine Gerstenspeise ohne Lustock!
Die getrockneten, pulverisierten Wurzeln sind eine ausgezeichnete Suppen- und Soßenwürze anstelle von Suppenwürfeln.
Lustock ist stark harntreibend und blähungswidrig. Als Hausmittel für Teeaufgüsse zur Anregung der Nierentätigkeit.

Majoran

Einjährige Pflanze, die im Garten oder im Kistchen gezogen werden kann.
Verwendet werden die würzig schmeckenden frischen oder getrockneten Blätter. Er verträgt sich gut mit dem Geschmack anderer Würzkräuter und wird für Erdäpfel- und Fleischspeisen, Würste, Hülsenfrüchte und Sauerkraut verwendet.
Majoran fördert die Magensaftabsonderung und wirkt blutreinigend. Als Hausmittel für Teeaufgüsse gegen Husten und äußerlich für Gesichtswaschungen.

Minze

Mehrjährige Pflanze, die sich im Garten stark durch Ausläufer vermehrt.
Die braune oder Nudelminze ist neben Kerbelkraut die wichtigste Würze für die Kasnudeln. In kleinen Mengen können die frischen oder getrockneten Blätter auch zum Würzen verschiedener Suppen und Soßen verwendet werden.
Die Pfefferminze, die ebenfalls im Garten wächst, wird fast ausschließlich für Teeaufgüsse gegen Magen- und Darmbeschwerden, Krämpfe und zur Nervenberuhigung verwendet.

Rosmarin

Mehrjähriges Gewächs aus dem Mittelmeerraum, das bei uns nur in Töpfen gezogen werden kann.
Verwendet werden die frischen und getrockneten Blätter für Suppen und Fleischspeisen, vor allem in der italienischen Küche.
Rosmarin fördert die Gallensekretion, beruhigt die Nerven, ist harntreibend und wird äußerlich zur Hautpflege angewendet.

Salbei, kärntnerisch Salfe

Mehrjährige Pflanze, die im Garten oder im Blumentopf gezogen werden kann.
Verwendet werden frische oder getrocknete Blätter für Fleischspeisen, vor allem Kalbfleisch und Huhn, für Suppen, Soßen und Erdäpfel. Salbei schmeckt leicht bitter, deshalb sparsam verwenden.
Er ist ein vielfältig verwendbares Hausmittel für Teeaufgüsse zum Gurgeln bei Entzündungen im Mund- und Rachenbereich, er hilft bei Magen- und Darmstörungen, Leber- und Nierenleiden und gegen Nachtschweiß.

Thymian

Mehrjährige Pflanze, im Garten oder Blumentopf zu ziehen.
Verwendet werden frische oder getrocknete Blätter und Blüten. Er schmeckt leicht süßlich und eignet sich gut zum Würzen vieler Fleischspeisen, Erdäpfel- und Hülsenfruchtgerichte, Suppen und Soßen.
Als Hausmittel für Hustentee und für kräftigende Waschungen und Bäder.

Wohlgemuth oder Trockendost

Wildwachsendes Würzkraut, an trockenen Waldrändern zu finden.
Frische oder getrocknete Blüten und Blätter werden für alle Hollerspeisen verwendet.
Als Hausmittel für Teeaufgüsse gegen Darmstörungen und Husten.

Zitronenmelisse

Mehrjährige Pflanze, die im Garten oder im Blumentopf gezogen werden kann.
Verwendet werden frische oder getrocknete Blätter zum Würzen von Suppen, Fleischgerichten, für Soßen, Salate, Eierspeisen und Obstsuppen. Sie riecht zitronenartig und wird deshalb anstelle von Zitronenschale genommen.
Vielfach verwendetes Hausmittel für Teeaufgüsse gegen Kopfschmerzen und Nervosität, zur Herz- und Magenstärkung, äußerlich für Beruhigungsbäder.

Rothollersaft

Rote Hollunderbeeren waschen, entstielen und auspressen. Auf 1 l Saft gibt man 500 g Zucker und kocht ihn 1 Stunde. Noch heiß in Flaschen füllen, sofort gut verschließen und kühl aufbewahren.
Hollundersaft mit Wasser verdünnt ist ein beliebtes Hausmittel bei Fieber.

Grantnsaft

4 l Preiselbeeren
2 1/2 l Wasser
1 Zitrone Saft
1 1/2 kg Zucker

Die Preiselbeeren verlesen, waschen, gut zerdrücken. Mit Wasser und Zitronensaft einige Tage zum Ausgären stehen lassen. Den sich bildenden Schaum immer abnehmen. Alles durch ein feuchtes Tuch seihen. Den Saft mit dem Zucker 10 – 15 Minuten kochen, dabei immer abschäumen. Heiß in Flaschen füllen, gut verschließen, kühl aufbewahren.
Hausmittel bei Fieber.

1/2l

Maigipferlsaft

Junge Fichtentriebe waschen, auf einem Tuch gut abtrocknen. In ein großes Einsiedeglas abwechselnd eine Lage Maigipferln und Zucker füllen, zubinden, an die Sonne stellen. Wenn sich genügend Saft gebildet hat und die Triebe oben schwimmen, abseihen. Einmal aufkochen, heiß in Flaschen füllen, kühl aufbewahren.
Altes Hausmittel gegen Husten.

Lindenblütensaft

250 g Lindenblüten
4 Zitronen
2 l Wasser
2 kg Zucker

Die Blüten mit Zitronenscheiben 10 Minuten kochen. Abseihen, mit Zucker nochmals aufkochen. Heiß in Flaschen füllen, kühl aufbewahren.
Dieser Saft mit heißem Wasser verdünnt ist ein Hausmittel bei Erkältungen.

Nach demselben Rezept werden auch Säfte aus Holler- oder Salbeiblüten bereitet.

Hollerwein

5 l Wasser
10 Hollerblüten
500 g Zucker
2 Zitronen
1/16 l Weinessig

Den Zucker im Wasser auflösen, Zitronenscheiben, gewaschene Hollerblüten und Essig in einem großen Glas einige Tage an die Sonne stellen. Abseihen, in Flaschen abfüllen, gut verschließen und kühl aufbewahren. Nach 8 Tagen ist das Getränk fertig.
Guter Durstlöscher.

Schwarzbeerschnaps

Schwarzbeeren waschen, langsam zum Kochen bringen und breiweich kochen. Den Brei passieren oder unpassiert mit Zucker mischen. Auf 1 l Saft 120 g Zucker nehmen. Flaschen halbvoll mit Saft, den Rest mit Schnaps füllen. Gut verschließen und an die Sonne stellen. Nach ca. 3 Monaten ist das Getränk fertig.
Es wird als Hausmittel gegen Magenschmerzen empfohlen.

Glühmost

Den Most mit einigen Nelken, Zimtrinde und Zitronenschale erhitzen, aber nicht kochen. Nach Geschmack süßen.

Mahdertrunk

Apfelessig mit viel Wasser verdünnen und Honig oder Zucker nach Geschmack süßen.
Ausgezeichneter Durstlöscher. Bei Arbeiten im Sommer war dies das gebräuchlichste Getränk zur Jause.

Ausdrücke, die nicht jeder versteht

A

Abrebeln — die Beeren abstreifen
Abschmalzen — mit Fett übergießen
Abschrecken — mit kaltem Wasser übergießen
Apfelmandl — gebundenes Apfelkompott
Auszügler — auseinandergezogener Krapfen

B

Bertram — Estragon
Beuschel, Beuschl — Lunge und Herz
Blattlan — kleine Blätter
Brein, Kloanbrein — Hirse
Brettljausn — auf einem Holzteller angerichteter Imbiß, bestehend aus Trockenwürstl, Speck, Kas u.a.
Brösel — Paniermehl
Bröseltopfen — trockener Topfen oder Quark

C

ca. — cirka

D

Dampfl — Gärprobe aus Hefe

E

Eierschwammerln — Pfifferlinge
Einbrenn — dunkle Mehlschwitze
Eingußnudeln — Eierteig in die Suppe eingekocht
Einmach — helle Mehlschwitze, mit Butter zubereitet
EL — Eßlöffel (als Maß)
Erdäpfelstampf — Kartoffelbrei

F

Farfalan — mit der Hand abgebröselter, trockener Mehl-Wasser-Eierteig
Faschieren — durch den Fleischwolf drehen
Faschiertes — Hackfleisch
Flecknwazan — Fladen aus Germteig
Fleck, Kutteln — gereinigte, gekochte Teile des Rindermagens
Frakale — kleines Gläschen
Frigga — Gericht aus Speck und Käse

G

Gamper — Gericht aus Milch und Getreide
Germ — Preßhefe
Gerstprein — gedünstete Gerste
Geselchtes — Räucherfleisch
Glundner Kas — Kochkäse
Grammeln, Graupn — Grieben
Grammelschmalz — ausgelassenes Schweineschmalz samt Grieben
Grantn — Preiselbeeren
Grünes Fleisch — frisches Fleisch meist vom Schwein, aber auch Schaf und Rind
Gschnittne Nudeln — geschnittene Nudeln (dickere Bandnudeln)
Gstandne Milch — mit Mehl eingedickte Milch
Gundelrebe — wildwachsendes Würzkraut
Gwundne Nudeln — gewundene, zusammengedrehte Nudeln

H

Hacklruabn — saure Rüben
Hadn — Heiden, Buchweizen
Hadnprein — gedünsteter Buchweizen
Hirseprein — gedünstete Hirse
Holler — Holunder

J

Jausn — kleiner Imbiß

K

Kälbernes — Kalbfleisch
Karobemehl — Boxhörndl- oder Johannisbrotmehl
Karree — Rippenstück, Koteletten
Kas — Käse
Katzngschra — Katzengeschrei (Fleischspeise)
Kletzen — Dörrbirnen
Kohl — Wirsing

Kraut	Weißkohl
Kräutlach	Kräuter
Kren	Meerrettich
Kutteln	siehe Fleck

L

Labalan	Laibchen
Leberlan	Germgebäck mit Innereienfülle
Linden	bei schwacher Hitze mehr trocknen als rösten
Lustock	Liebstöckl (Gewürzkraut)

M

Machet	Einmach
Mahder	Mäher
Maischerln	Weißwurstfülle im Schweinsnetz
Maigipferl	junge Fichtentriebe
Marillen	Aprikosen
Most	vergorener Apfel- oder Birnensaft
Muas	breiartige Speise

N

Nachtmahl	Abendessen
Neugewürz	Piment
Nierndl	Niere
Nockalan	kleine ovale Knödel oder Klöße

O

Obers	Rahm, Sahne

P

Passieren	durch ein Sieb streichen
Platln	flaches Gebäck
Polenta	dicker Maisbrei
Porree	Lauch
Potize	Germgebäck mit Nuß- oder Mohnfülle

Q

Quendel	wilder Thymian

R

Radln	Räder
Rahm	Sahne, Obers
Reibgerstl	aufgeriebener Nudelteig
Rein	große Kasserolle
Reindl	kleinere Kasserolle
Reinling oder Reindling	in einer Rein gebackener, gefüllter Germteig
Reinkalan	kleine, runde Laibchen
Ribisel	Johannisbeeren
Ritschert	Bohnen-Rollgersten-Eintopfgericht
Rohnen	rote Beete
Röhrl	Löwenzahn
Rollgerste	Graupen, geschälte, geschliffene Gerstenkörner
Rotholler	roter Holunder

S

Saturei	Bohnenkraut
Scheadlan, Polsterzipfel	dünne gebackene Teigstücke, die stark aufgehen
Schlick-, Schlutzkrapferln	Nudeln mit Fleischfülle
Schmarrn	zerkleinerter Pfannkuchen
Schnaps	Branntwein
Schnittlan	kleine Schnitten
Schöpsenfleisch	Schaffleisch
Schottn	Topfen, Quark
Schottraunkn	rundes Gebäck aus Topfenteig
Schuß Flüssigkeit	die Menge, die beim raschen Kippen einer Flasche herausrinnt
Schwammerl	Pilz
Schwarzbeeren	Blaubeeren
Schweinernes	Schweinefleisch
Schweinshaxl	Eisbein
Schupfnudeln	gerollte Nudeln
Seihen	durch ein Sieb rinnen lassen
Selchfleisch	Räucherfleisch
Semmel	Brötchen
Soß	Soße, Sauce
Süaße	süße
Surfleisch	Pökelfleisch
Stamperl	kleines Gläschen
Stangel	Stange
Stauben	Mehl über die Speise streuen und anrösten
Stelze	oberer Teil des Eisbeins
Sterz	ausgedünsteter Brei
Strauben, Straubn	in Backfett eingegossener Teig

Strudel	mit einer Fülle eingerollter Teig
Strutz	Striezel

T

Talggn	gequollenes, gedarrtes Getreide
TL	Teelöffel (als Maß angegeben)
Tommerl	Auflaufart, die nicht sehr aufgelockert ist
Topfen	Quark
Trenten	Trockengebäck
Türkensterz	ausgedünsteter Maisbrei

V

Verhackat	aufgehackter, gewürzter Speck
Vögalan	in Öl herausgebackene Mehlspeise

Wazan	Weizenbrot
Wecken	Striezel
Weinbeeren	Korinthen, kleine, blaue getrocknete Weintrauben
Wohlgemuth	alte Bezeichnung für den Trockendost (Tee- und Würzkraut)
Wurzelwerk	Karotten, Petersilien- und Selleriewurzeln

Zsamglegte Nudeln	zusammengelegte Nudeln
Zuspeisen	Beilagen zu Hauptgerichten
Zwetschken	Pflaumenart

6 Süße Speisen und Schlemmereien

7 Germteigspeisen und Festtagskuchen

8 Würzkräuter, Blüten- und Beerensäfte

4 Hauptspeisen

5 Zuspeisen

1 Suppen und kleine Gerichte

2 Mehl- und Eierspeisen

3 Nudeln und Strudel